U0720523

山东省革命文物图文大系

山东博物馆 编著

科学出版社
北京

图书在版编目(CIP)数据

山东省革命文物图文大系：全十卷 / 山东博物馆编著. -- 北京：科学出版社，2024. 12. -- ISBN 978-7-03-080020-6

Ⅰ. K871.62

中国国家版本馆CIP数据核字第2024SC9750号

责任编辑：张亚娜　樊　鑫／责任校对：张亚丹

责任印制：张　伟／书籍设计：北京美光设计制版有限公司

科学出版社出版

北京东黄城根北街16号

邮政编码：100717

http://www.sciencep.com

北京华联印刷有限公司印刷

科学出版社发行　各地新华书店经销

*

2024年12月第　一　版　开本：889×1194　1/16

2024年12月第一次印刷　印张：123　3/4

字数：2 600 000

定价：3680.00元（全十卷）

（如有印装质量问题，我社负责调换）

分卷主编

第一卷 孙艳丽
第二卷 孙艳丽 贾依雪
第三卷 李 娉 贾依雪
第四卷 杨秋雨
第五卷 杨秋雨 仪明源
第六卷 仪明源 于秋洁
第七卷 刘 宁 张小松
第八卷 刘 宁 怀培安
第九卷 怀培安 李 娉
第十卷 张小松

撰写团队（按姓氏笔画排序）

卜 鑫 于佳鑫 于法霖 于秋洁 于颖欣 万本善 马 军 马 静 马天成
马克凡 王 美 王 浩 王 晶 王 鹏 王 睿 王小羽 王之信 王之谦
王丹青 王文红 王文博 王平云 王亚敏 王丽媛 王凯强 王思涵 王晓妮
王婀娜 王培栋 车 悦 毛洪东 孔凡胜 卢绪乐 仪明源 冯明科 宁志刚
毕晓乐 曲 菲 吕 健 吕其林 任 伟 任维娜 庄 倩 刘 宁 刘 畅
刘 凯 刘 婧 刘长艳 刘军华 刘丽丽 刘树松 刘剑钊 刘逸忱 江海滨
许 哲 许文迪 许盟刚 孙 佳 孙 颖 孙全利 孙利堂 孙纬陶 孙艳丽
苏 琪 苏力为 杜晨英 李 波 李 娉 李 媛 李 婷 李兴栋 李克松
李国盛 李寅初 李博文 李晶晶 李景法 李献礼 杨 坤 杨 昊 杨 燕
杨立民 杨亚昱 杨秋雨 杨靖楠 吴 昊 谷 淼 怀培安 宋 松 宋卓远
张 丹 张 卡 张 军 张 媛 张 璐 张小松 张世林 张有才 张秀民
张美玲 张晓文 张海燕 张淑敏 陈 晓 陈 鹏 陈孟继 林立东 昌筱敏
罗 琦 罗永华 周 宁 周光涛 周兴文 郑学富 郑德平 官春磊 项 顼
赵 金 赵文彬 赵均茹 赵皎琪 赵蓓蓓 郝明安 胡可佳 姜羽轩 姜晴雯
姚 超 姚焕军 袁晓梅 聂惠哲 贾庆霞 贾依雪 贾婧恩 夏 敏 徐 艳
徐 静 徐 磊 徐晓方 徐赛凤 高丽娟 唐铭涓 黄巧梅 黄祖文 崔 强
崔萌萌 康甲胜 阎 虹 梁连江 梁新雅 董 艺 董倩倩 韩晓燕 焦玉星
赖大邃 雷 茜 蔡亚红 蔡运华 蔡言顺 薛喜来 穆允军 穆红梅

学术顾问

邱从强 张艳芳 郑宁波 徐 畅 崔华杰

审校

李 娉 孙艳丽 怀培安 贾依雪

文物摄影

阮 浩 周 坤 赵蓓蓓 蔡启华

参加单位

★ 省直单位

山东博物馆
中共山东省委党校（山东行政学院）图书和文化馆
山东省档案馆
山东省图书馆
孔子博物馆
山东大学图书馆

★ 济南市

济南市博物馆
济南市章丘区博物馆
济南市济阳区博物馆
济南革命烈士陵园（济南战役纪念馆）
济南市莱芜区博物馆
中共山东早期历史纪念馆

★ 青岛市

青岛市博物馆
青岛海关博物馆
青岛道路交通博物馆
青岛市黄岛区博物馆
青岛市即墨区博物馆
青岛市即墨区烈士陵园
青岛市档案馆
青岛市革命烈士纪念馆
中共青岛党史纪念馆
中国人民解放军海军博物馆
莱西市博物馆
黄岛烈士陵园纪念馆
平度市博物馆
平度市烈士陵园
胶州烈士纪念馆

★ 淄博市

淄博市博物馆
淄博市焦裕禄纪念馆
淄博煤矿博物馆
黑铁山抗日武装起义纪念馆
淄博市公安局
桓台博物馆
高青县革命历史纪念馆
沂源博物馆
沂源县革命烈士陵园（革命历史纪念馆）

★ 枣庄市

枣庄市博物馆
铁道游击队纪念馆
台儿庄区贺敬之文学馆
台儿庄革命烈士陵园（战史陈列馆）

★ 东营市

东营市历史博物馆
中共刘集支部旧址纪念馆
东营市垦利区博物馆（含渤海垦区革命纪念馆）

★ **烟台市**

烟台市博物馆

烟台市牟平区博物馆

烟台北极星钟表文化博物馆

烟台市蓬莱区烈士陵园管理处

莱州市博物馆

地雷战纪念馆

龙口市博物馆

栖霞市牟氏庄园管理服务中心

招远市博物馆

★ **潍坊市**

潍坊市博物馆

潍坊市革命烈士陵园管理处

潍坊市寒亭区博物馆

青州市博物馆

昌邑市博物馆

寿光市博物馆

安丘市博物馆

潍县西方侨民集中营旧址博物馆

★ **济宁市**

邹城博物馆

金乡县文物保护中心

嘉祥县烈士陵园烈士纪念馆

梁山县烈士陵园管理服务中心

★ **泰安市**

泰安市博物馆

泰安徂徕山抗日武装起义博物馆

中共东平县工委纪念馆

东平县博物馆

肥城市档案馆

新泰市档案馆

新泰市博物馆

★ **威海市**

中国甲午战争博物院

天福山起义纪念馆

威海市博物馆

乳山市文物保护中心

★ **日照市**

日照市岚山区博物馆

日照市抗日战争纪念馆

莒州博物馆

五莲县博物馆

★ **临沂市**

临沂市博物馆
山东省政府和八路军115师司令部旧址
大青山胜利突围纪念馆
华东野战军总部旧址暨新四军军部旧址纪念馆
沂水县博物馆
沂水县云头峪村《大众日报》创刊地纪念馆
沂水县中共中央山东分局旧址
沂蒙红嫂纪念馆
沂蒙革命纪念馆
莒南县博物馆
孟良崮战役纪念馆
平邑县博物馆
鲁南革命烈士陵园

★ **德州市**

德州市博物馆
冀鲁边区革命纪念馆

★ **聊城市**

孔繁森同志纪念馆
聊城中国运河文化博物馆
聊城市茌平区博物馆
聊城市茌平区档案馆
东阿县文物事业发展中心
东阿县文物管理所
运东地委革命纪念馆
临清市档案馆

★ **滨州市**

滨州市博物馆
邹平市文物保护中心（邹平市博物馆）
滨州市滨城区文物保护修复中心（滨州市滨城区博物馆）
渤海革命老区纪念园
博兴县博物馆
阳信县博物馆

★ **菏泽市**

菏泽市博物馆
菏泽市烈士陵园（菏泽市抗日纪念馆）
菏泽市定陶区博物馆
菏泽市定陶区档案馆
菏泽市定陶区烈士陵园
东明县博物馆（东明县文物保护中心）
巨野县博物馆
郓城县博物馆
中国鲁锦博物馆
冀鲁豫边区革命纪念馆
单县档案馆
曹县档案馆
成武县烈士陵园
成武县档案馆
鄄城县档案馆

山东省

革命文物

图文大系

第四卷

杨秋雨　主编

砥柱中流

抗日战争时期

（上）

科学出版社

北京

前言

1937年卢沟桥事变后，日本发动全面侵华战争，中华民族面临亡国灭种的严峻危险。侵入山东的日军，烧杀淫掠，无恶不作，犯下了滔天罪行。在日军大举进犯、国民党军纷纷溃逃之际，中共山东党组织毅然担负起领导山东人民抗战的重任。

从九一八事变到1945年日本无条件投降，中国军民经历了十四年艰苦卓绝的浴血奋战。山东是受日本军国主义侵略最早、最深的地区之一。中国共产党领导山东军民在山东抗日战场上发挥了中流砥柱作用，发起遍及全省的抗日武装起义，建立土生土长的抗日游击兵团——八路军山东纵队。全面抗战时期，山东建成全国唯一基本以一省区为主体的抗日民主根据地、党领导下的第一个省政府。山东抗日根据地大力推进以工农为主体的新民主主义政治、经济、文化建设，是执行党中央十大政策的模范根据地，成为革命文化普及最广和浸润深厚的地域之一，为民族独立和人民解放事业作出了巨大贡献。

目录

第一章 团结抗战 烽火齐鲁

第二章
钢铁武装 游击震天

第三章

主力挺进 浴血奋战

第四章

忠诚热血 使命担当

第一章

团结抗战 烽火齐鲁

1937年7月7日，卢沟桥附近中国驻军第二十九军奋起抵抗日本侵略军的进攻，揭开全面抗战的序幕。山东党组织在中共中央领导下，高举抗日民族统一战线的旗帜，领导抗日军民顽强御辱，发挥了中流砥柱的重要作用。

根据党在敌后开展游击战争的方针、党的《抗日救国十大纲领》以及北方局的指示，山东省委决定加快恢复、发展山东各地党组织，大力开展抗日民族统一战线工作，广泛组织各种抗日救亡团体，发动抗日武装起义，建立抗日武装。

1937 年 7 月 7 日，日本悍然发动卢沟桥事变（又称七七事变），全面抗战由此爆发。

中国驻军在卢沟桥奋起抵抗

中共山东省委根据党中央建立抗日民族统一战线的政策，团结全省各界开展各种形式的抗日救亡运动。

中华民族解放先锋队鲁西北总队部在聊城组织群众抗日游行

濟南城包圍陣成り
韓復榘軍殲滅の運命
臨邑、晏城を占領、津浦線遮斷

【天津にて古川、磯野特派員十五日發】

1937 年 9 月 30 日，日军侵入山东，12 月 27 日占领济南，其后沿津浦铁路、胶济铁路继续南犯东侵。到 1938 年 5 月，山东全境沦陷。

中华民族解放先锋队
胶东省队部印《胶东民先》

抗日战争时期
山东博物馆藏

中华民族解放先锋队胶东省队部印的抗战册子，手抄复写，油印。中华民族解放先锋队（简称民先）是中国先进青年在中国共产党领导下建立的抗日救国组织，于1936年2月1日成立。民先总部设在北平，在天津、武汉、广州、成都、济南、上海等地相继成立分部。在全面抗战初期抗日救亡运动蓬勃发展的山东，民先为山东党组织发动民众举行起义、建立和巩固敌后抗日根据地、打击日本帝国主义发挥了重要的作用。

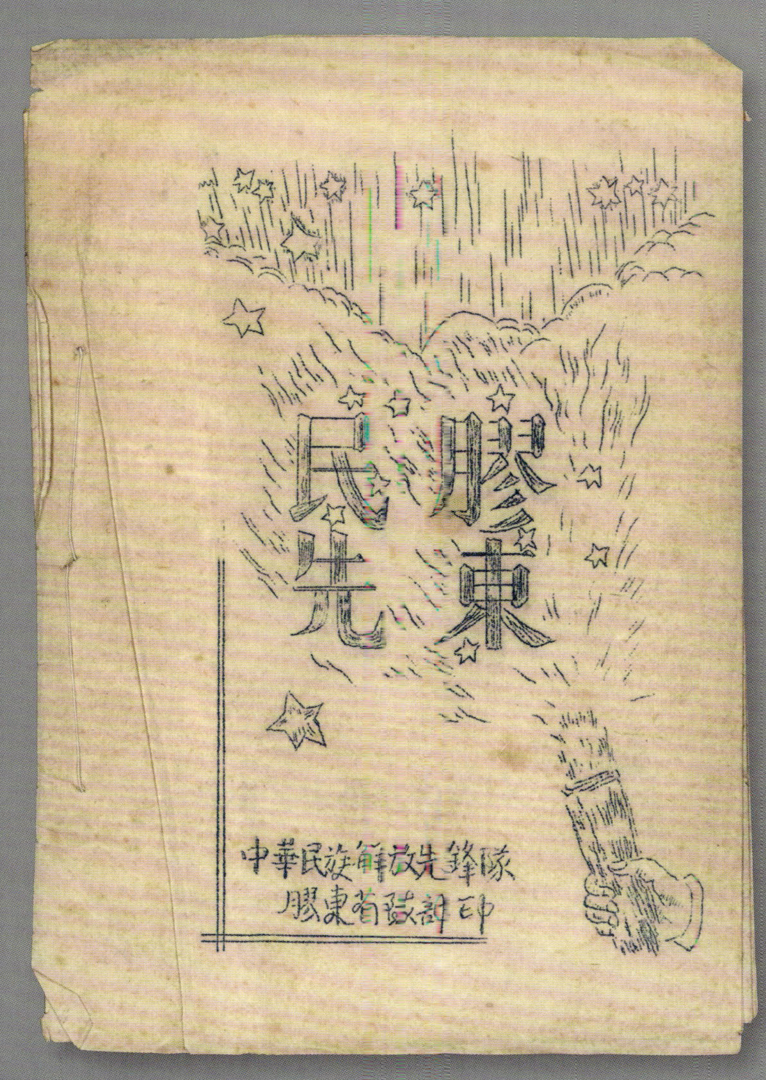

民先济南地方队部发布的议案

抗日战争时期
山东博物馆藏

单面油印。抗日战争时期 M.G.S（民族解放先锋队）济南地方队部因时局艰难、经费紧张而发布的征收费用的议案。

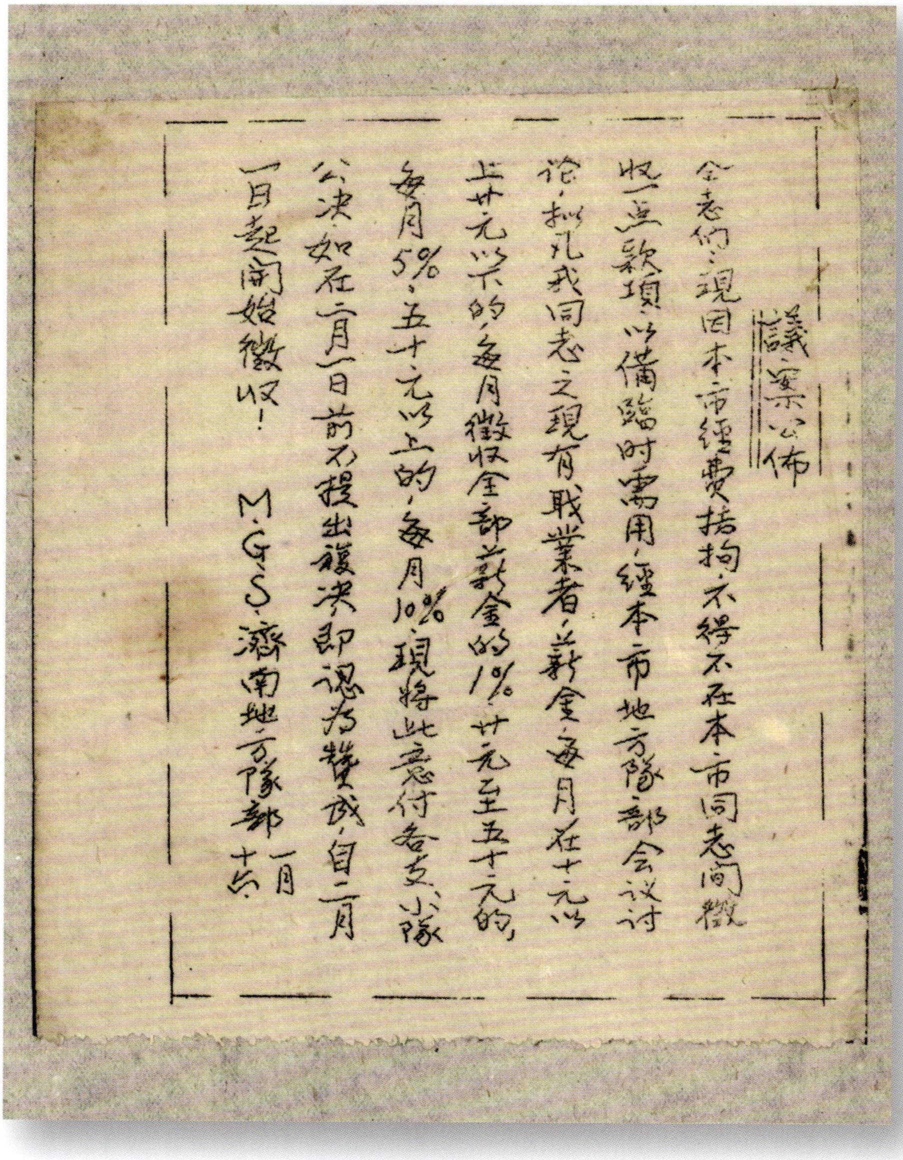

議案公佈

仝志們：現因本市經費拮据，不得不在本市同志間徵收一些款項，以備臨时需用，經本市地方隊部会议讨論，拟凡我同志之現有職業者，薪金每月在十元以上廿元以下的，每月徵收全部薪金的1%，廿元至五十元的，每月5%，五十元以上的，每月10%，現將此意付各支、小隊公決，如在二月一日前不提出複決即認為贊成，自二月一日起開始徵收！

M.G.S.濟南地方隊部 一月十六

理琪

1908—1938

原名游建铎，河南太康人。中共胶东特委书记，天福山起义的主要组织者和领导人，曾任山东人民抗日救国军第三军司令员。1938年2月，在雷神庙战斗中壮烈牺牲。

《一九三六胶东特委书记理琪同志给各级党同志的一封信》

1938年翻印
山东博物馆藏

1935年11月29日，胶东地区“一一·四”暴动在国民党反动派镇压下惨遭失败，胶东特委受到严重破坏。1936年理琪经河南省委介绍来到胶东，成立了胶东特委，重建胶东党组织，并以胶东特委书记的名义起草了给各级党同志的一封信。信中正确分析了中国及胶东地区的政治形势，批评党内存在的各种错误思想倾向，使胶东各级党组织很快得到恢复和发展，扭转了“一一·四”暴动后的危难局面。

天福山起义时中共山东胶东特委书记理琪使用的手枪

抗日战争时期
山东博物馆藏

理琪生前使用过的手枪。1937年全面抗战爆发后，山东被日军步步侵占。胶东特委积极开展统战工作，先后在文登、荣成、牟平、蓬莱等地同国民党地方政府达成了合作抗日的协议，从而为我党独立自主领导抗日武装斗争创造了条件。胶东特委书记理琪根据北方局和山东省委的指示，利用威海文登天福山的有利地形和周围良好的群众基础，于1937年12月24日发动了天福山起义，组建了山东人民抗日救国军第三军（以下简称第三军）。参加起义的胶东特委领导干部有理琪、吕志恒、林一山、张修己等。1938年2月13日，第三军百余人攻克牟平城，俘伪县长以下170余人。战斗结束后，部队撤至城南雷神庙休整时，被烟台来袭的日军包围。日步兵在飞机掩护下向雷神庙发起攻击，起义部队依托院墙顽强抵抗，连续打退日军四次进攻，毙伤日军50余名，激战中理琪不幸身受重伤，后壮烈牺牲。保存下来的雷神庙庙门板布满累累弹痕和刺刀截痕，足见当时战斗的激烈。

山东人民抗日救国军第三军在雷神庙悼念理琪

根据山东省委指示，胶东天福山武装起义后成立的山东人民抗日救国军第三军，与掖县成立的胶东抗日游击第三支队合编。1938 年 9 月 18 日，改编为八路军山东人民抗日游击第五支队。

1938年9月18日，掖县沙河镇举行的八路军山东人民抗日游击第五支队成立暨纪念“九一八”七周年大会。

山东人民抗日救国军第三军使用的步枪

1937年
天福山起义纪念馆藏

山东人民抗日救国军第三军战士使用的步枪。1937年12月24日中共胶东特委领导发动天福山起义，以昆嵛山红军游击队为骨干组建山东人民抗日救国军第三军。在天福山起义的影响下，胶东各地相继举行抗日武装起义，起义队伍纷纷编入第三军，第三军队伍不断壮大，后又与中共掖县县委独立领导的掖县起义组建的胶东抗日游击第三支队合编。1938年9月18日，第三军正式编入八路军序列。这支队伍在战斗中不断壮大，发展成为中国人民解放军第二十七军、三十一军、三十二军、四十一军四个军及二十六军、三十八军等部2个师又25个团，涌现了“潍县团”“济南第一团”“济南第二团”“塔山英雄团”“守备英雄团”“白台山英雄团”等英雄集体，为民族独立和人民解放作出卓越贡献。

天福山起义使用的步枪

1937年
烟台市博物馆藏

1937年12月24日，中共胶东特委书记理琪在天福山组织发动了起义。理琪主持起义仪式，宣讲党的《抗日救国十大纲领》，传达了中共中央北方局和山东省委关于抗日武装起义的指示，号召人民奋起抗战，抵御日军侵略。天福山起义创建了胶东第一支抗日武装——山东人民抗日救国军第三军，揭开了胶东人民武装抗日的序幕。1938年2月12日夜，山东人民抗日救国军第三军在司令员理琪、政治部主任林一山率领下，袭击牟平城，激战雷神庙，打响了胶东武装抗日的第一枪。从此，揭开了胶东人民抗日武装斗争的序幕，点燃了胶东的抗战烽火。

胶东人民抗日武装之一部

理琪在文登、荣成等地发展党组织时使用的党旗

1938年
山东博物馆藏

党旗为自制，党徽图案往左下倒置，是胶东特委书记理琪在胶东各地发展党组织时使用的。

天福山起义前使用的党旗

1937年12月
天福山起义纪念馆藏

党旗为自制，这面党旗为中共胶东特委在发动天福山起义前使用。

中共胶东特委自1933年3月成立至1937年12月，先后四次组建，前三次在敌人破坏后又很快建立起来，继续领导胶东人民进行革命斗争。1937年12月24日，中共胶东特委领导发动了天福山抗日武装起义，成立了胶东第一支人民抗日武装，擎起了胶东武装抗战的大旗。

天福山起义部分领导人合影，前排张修己（左）、于得水（右），后排宋执栋（左二）、张修竹（左三）。

1938年5月胶东特委部分成员在黄县合影。前排左起于克恭、高锦纯、林一山、王文，后排左起柳运光、曹漫之、宋澄、吕志恒、李紫辉。

山东人民抗日救国军第三军司令部印鉴

1938年
天福山起义纪念馆藏

山东人民抗日救国军第三军司令部使用的印鉴，木质，印阳刻面。

1937年12月24日，中共胶东特委在文登县天福山举行武装起义，同时宣布成立山东人民抗日救国军第三军。起义的成功和山东人民抗日救国军第三军的成立，标志着中国共产党独立领导的胶东第一支人民抗日武装诞生，揭开了胶东武装抗日的序幕。1938年9月18日，根据省委指示，山东人民抗日救国军第三军与掖县玉皇顶起义成立的胶东抗日游击第三支队合编为八路军山东人民抗日游击第五支队，高锦纯任司令员，宋澄任政委，下辖3个旅、6个团，至此党在胶东各地发动、领导的抗日武装统一起来。

山东省胶东人民军政委员会印鉴

1938年

天福山起义纪念馆藏

山东省胶东人民军政委员会使用的印鉴，木质，印面阳刻。1937年12月24日，中共胶东特委在天福山领导和发动了天福山起义，创建了山东人民抗日救国军第三军，又于1938年1月15日发动了威海起义，发展壮大了队伍。后胶东特委和第三军队伍移驻文登大水泊，于1938年2月19日成立山东人民抗日救国军第三军司令部，同日成立山东省胶东人民军政委员会。

1937年冬，日军占领济南后，驻牟平的国民党山东省第七专员公署专员张骧伍率大小官员狼狈逃离，致使牟平城变成了一座“空城”。1938年2月5日，日军三千多人自青岛侵占烟台，占领了牟平城，成立了伪县政府。2月13日，为了打击日军的嚣张气焰，胶东特委书记、山东人民抗日救国军第三军司令员理琪率领第三军第一大队、特务队百余人，光复了牟平城，摧毁了伪县政府，将日军刚刚扶植起来的伪县长、伪公安局局长、伪商会会长和维持会长等170余人全部俘获，缴获枪支100余支。战斗结束后，攻城部队陆续撤至城南雷神庙。晌午时分，特委领导正在庙内开会，驻烟台日军在飞机的掩护下，向雷神庙疯狂扑来，日军海军陆战队百余人包围了雷神庙。当时庙内只有与会领导及特务队22人。面对数十倍于己的敌人，理琪指挥部队英勇奋战。在激烈的战斗中，第三军干部战士20余人坚守庙舍，用简陋的武器顽强地抵抗着汹涌而至的日军，打退了敌人一次又一次的进攻，击伤击毙日军50余人。战斗至黄昏，日军撤退，我军撤出战斗。理琪在指挥战斗时，不幸腹部连中三弹、血流不止，但仍坚持指挥、

雷神庙战斗遗址（位于山东省烟台市牟平区雷神庙大街601号）

顽强迎敌。天黑以后，固守雷神庙的队伍在外围部队支援下胜利突围，理琪却因伤势过重光荣牺牲，年仅 30 岁。

雷神庙战斗在胶东人民革命斗争史上写下了光辉的一页，意义重大。它打响了胶东抗击日军的第一枪，表明了我胶东军民抗击日本侵略者的决心；它沉重打击了日本侵略者，鼓舞和坚定了胶东军民抗战必胜的信心；它使刚组建的胶东抗日武装经受住了严峻考验，用鲜血的代价换来对日军实战的宝贵经验教训。

布满弹痕刺刀痕的雷神庙庙门板

1938年
山东博物馆藏

雷神庙战斗后保留下的庙门板，布满了刺刀痕迹和累累弹孔。

雷神庙战斗遗留的东厢外窗铁皮雨搭

1938年
烟台市牟平区博物馆藏

马口铁质雨搭，原嵌在雷神庙东厢外窗上，以挡风雨，面积约0.8平方米，上面密布着138个弹孔，是雷神庙战斗的历史见证。

胶东抗日游击第三支队成立后张加洛撰写的训练提纲

1938年
烟台市博物馆藏

1938年胶东抗日游击第三支队（简称三支队）成立后，党委书记张加洛撰写的训练提纲。内容主要涉及军事教育、反对自由主义等问题。由张加洛捐赠。

1937年10月，掖县原县委书记郑耀南由青岛回到掖县组织领导抗战。11月，张加洛受中共山东省委派遣到胶东，回到掖县发动抗日武装。张加洛（1919—2003），山东掖县人。1938年3月后任胶东抗日游击第三支队党委书记兼政治部主任、胶东抗日联军前敌指挥部政委。

掖县全县成立了6个区委，每个区委建立一支抗日武装组织，恢复党刊，加强抗日宣传。1938年3月8日，中共掖县县委领导发动玉皇顶抗日武装起义。9日，县委以掖县民众抗敌动员委员会（简称民动）为基础成立胶东抗日游击第三支队。郑耀南任支队长，王仁斋、张加洛先后任政治处主任，赵森堂任参谋长，周亚泉任副支队长。11日，中共掖县县委重新组建，王鼎臣任书记。第三支队成立后，各起义部队回原驻地发动群众参加抗日。不到两个月的时间，第三支队发展成拥有17个大队、3700多人枪的队伍，成为胶东人枪最多的抗日武装。

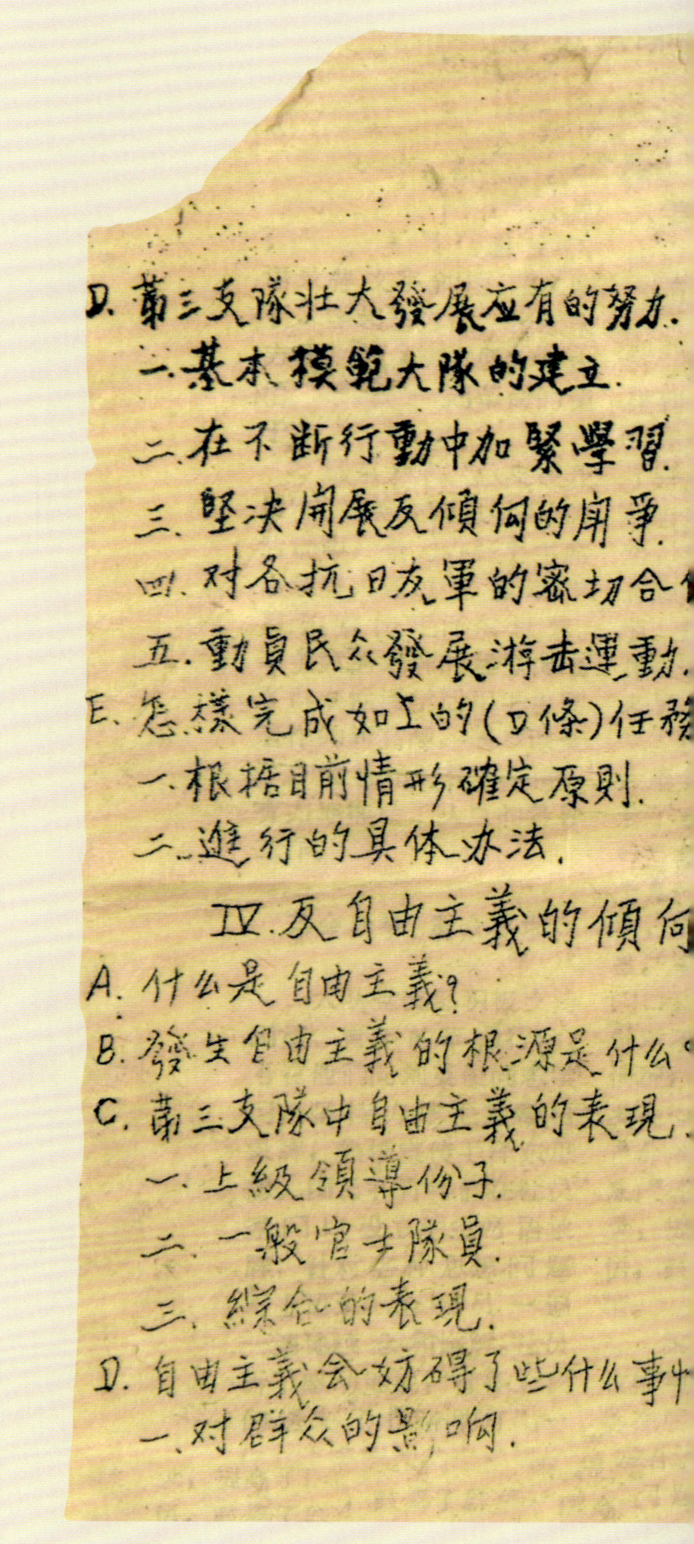
D. 第三支隊壯大發展应有的努力.
一.基本模範大隊的建立.
二.在不断行動中加緊學習.
三.堅决開展反傾向的鬥爭.
四.对各抗日友軍的密切合
五.動員民众發展游击運動.
E.怎樣完成如上的(D條)任務
一.根据目前情形確定原則.
二.進行的具体办法.
IV.反自由主義的傾向
A.什么是自由主義?
B.發生自由主義的根源是什么
C.第三支隊中自由主義的表現.
一.上級領導份子.
二.一般官士隊員.
三.綜合的表現.
D.自由主義会妨碍了些什么事
一.对群众的影响.

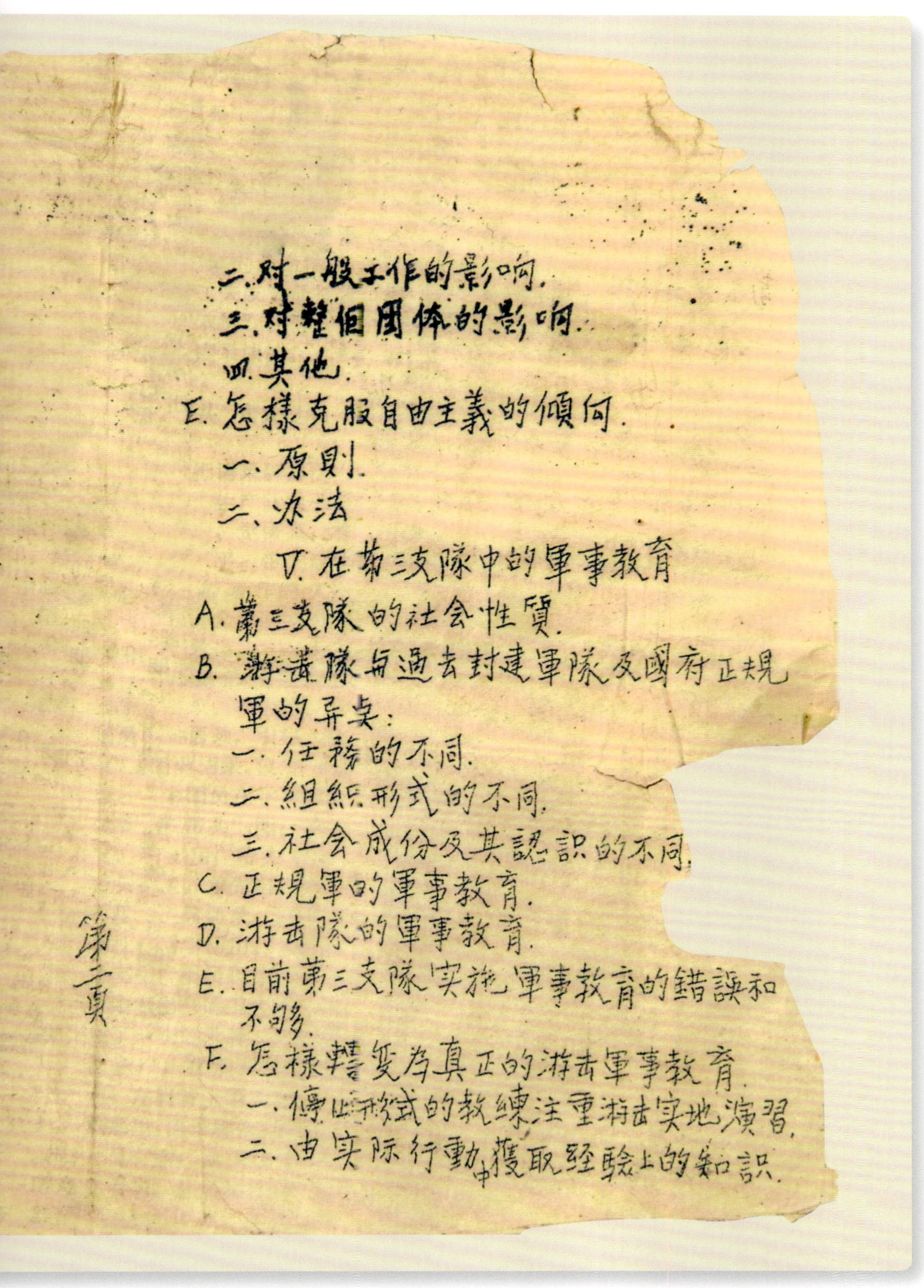
二、对一般工作的影响.
三、对整個團体的影响.
四、其他.
E. 怎樣克服自由主義的傾向.
一、原則.
二、办法
V. 在第三支隊中的軍事教育
A. 第三支隊的社会性質.
B. 游击隊与過去封建軍隊及國府正規軍的异点:
一、任務的不同.
二、組織形式的不同.
三、社会成份及其認識的不同.
C. 正規軍的軍事教育.
D. 游击隊的軍事教育.
E. 目前第三支隊实施軍事教育的错誤和不够.
F. 怎樣轉变為真正的游击軍事教育
一、停止形式的教練注重游击实地演習.
二、由实际行動中獲取经驗上的知識.
第二頁

掖县玉皇顶起义庆祝胶东抗日游击第三支队成立使用的红旗

1938年
山东博物馆藏

掖县玉皇顶起义庆祝胶东抗日游击第三支队成立使用的红旗，上有“渤海干城”字样。

胶东半岛是中共工作基础较好的地区之一。1937年12月，日军从海上登陆进攻青岛、烟台等地，胶东地区形势紧张。胶东特委书记理琪立即在文登县召开特委扩大会议，决定发动抗日武装起义。1938年1月19日成立了胶东军政委员会，理琪任主席，吕志恒任副主席。同时成立山东人民抗日救国军第三军，理琪兼任司令，林一山任政治部主任，下辖2个大队、1个特务队。掖县在1937年冬也组建了一批群众武装，并与该县国民党党员赵森堂的一支武装联合成立掖县民众抗敌动员委员会。1938年1月县委又先后争取了全县10个区的大部分区队。3月8日，各路部队汇聚于掖县城北的玉皇顶举行起义，翌日攻克掖县城，俘伪县长刘子容及其保安队、警卫队全部，掖县民众抗敌动员委员会改名胶东抗日游击第三支队，郑耀南任支队长，张加洛任政治部主任，赵森堂任参谋长。8月，胶东抗日游击第三支队与山东人民抗日救国军第三军合编，用第三军番号，三支队番号撤销。9月18日，根据省委指示，山东人民抗日救国军第三军改编为八路军山东人民抗日游击第五支队，至此党在胶东各地发动、领导的抗日武装统一起来。

胡铁生

1911—1997

原名胡克熙，山东福山人，著名书法家、篆刻家，老战士。自小钻研书法篆刻，在当地享有盛名。1936 年在福山县立北关小学担负教学任务。卢沟桥事变后，胡克熙毅然投笔从戎参加八路军，改名胡铁生，历任侦察员、参谋、后勤部部长等职务，参加过多次艰苦的战斗。中华人民共和国成立后，胡铁生先后担任上海市商业局局长、上海市手工业局局长，对上海乃至全国的工艺美术事业作出了卓越贡献。

郭沫若对胡铁生书法的评价，甚至借鉴了宋徽宗给予米芾的八字评语：铁画银钩，古为今用。著名学者王元化则云：胡体字是千军万马、严阵以待，也暗喻了胡铁生投笔从戎，参加抗战的传奇经历。

胡铁生任胶东五支队参谋处主任时使用的图章

1938年
烟台市博物馆藏

此为胡铁生任胶东五支队参谋处主任时使用的图章。红铜质，狮钮，方座。印面正方形，上刻篆书白文“铁生”。该件文物还含圆形铁质印盒及长方形皮套各一件。

马耀南

1902—1939

名方晟，字耀南，山东长山（今淄博市周村区）人。1937 年 12 月，与姚仲明、廖容标、赵明新等人一起领导了黑铁山抗日武装起义。1939 年 7 月 22 日，在桓台县牛王庄突围战斗中不幸牺牲。马耀南从爱国学生到八路军优秀指挥员，为清河区抗日武装的创建和抗日根据地的开辟作出了重要贡献。在马耀南的带动下，二弟马晓云、三弟马天民参加抗击日本侵略的战斗，走上了革命道路，先后为国捐躯成为抗日民族英雄，被尊称为“一马三司令”。

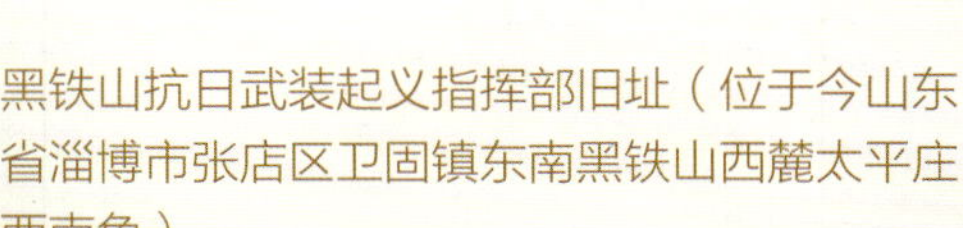

黑铁山抗日武装起义指挥部旧址（位于今山东省淄博市张店区卫固镇东南黑铁山西麓太平庄西南角）

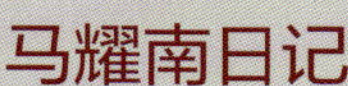

马耀南日记

20世纪20年代
淄博市博物馆藏

马耀南日记，为八路军山东纵队第三支队司令员马耀南20岁时所写。日记全用毛笔正楷写成，封面正中写“胆愈大而心愈小，智愈圆而行愈方”，时限为1922年9月至1923年6月，共33页，记录了这段时期马耀南的学习、生活情况。

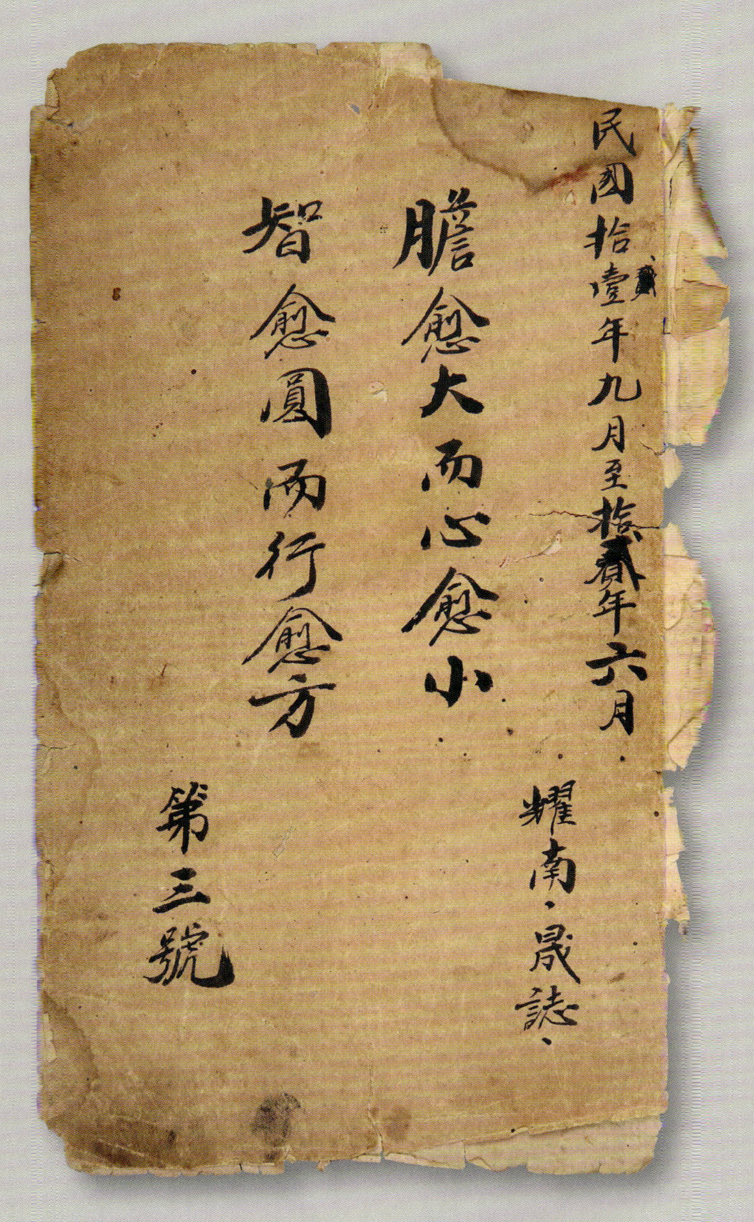

八路军山东游击第三支队“加强警戒命令”通告

1938年
山东博物馆藏

通告所用信笺上方印有“国民革命军第八路军山东游击第三支队司令部用笺”，信笺右边印“抗战到底　誓不回头”，信笺左边印“驱逐倭寇　还我河山”。通告命令各门卫兵注意盘查从东西门出入的来往人群，特交代要注意盘查态度和方式。1938年6月山东人民抗日救国军第五军改编为八路军山东人民抗日游击第三支队（后改称八路军山东纵队第三支队），马耀南任司令员，兵力发展到5000多人。

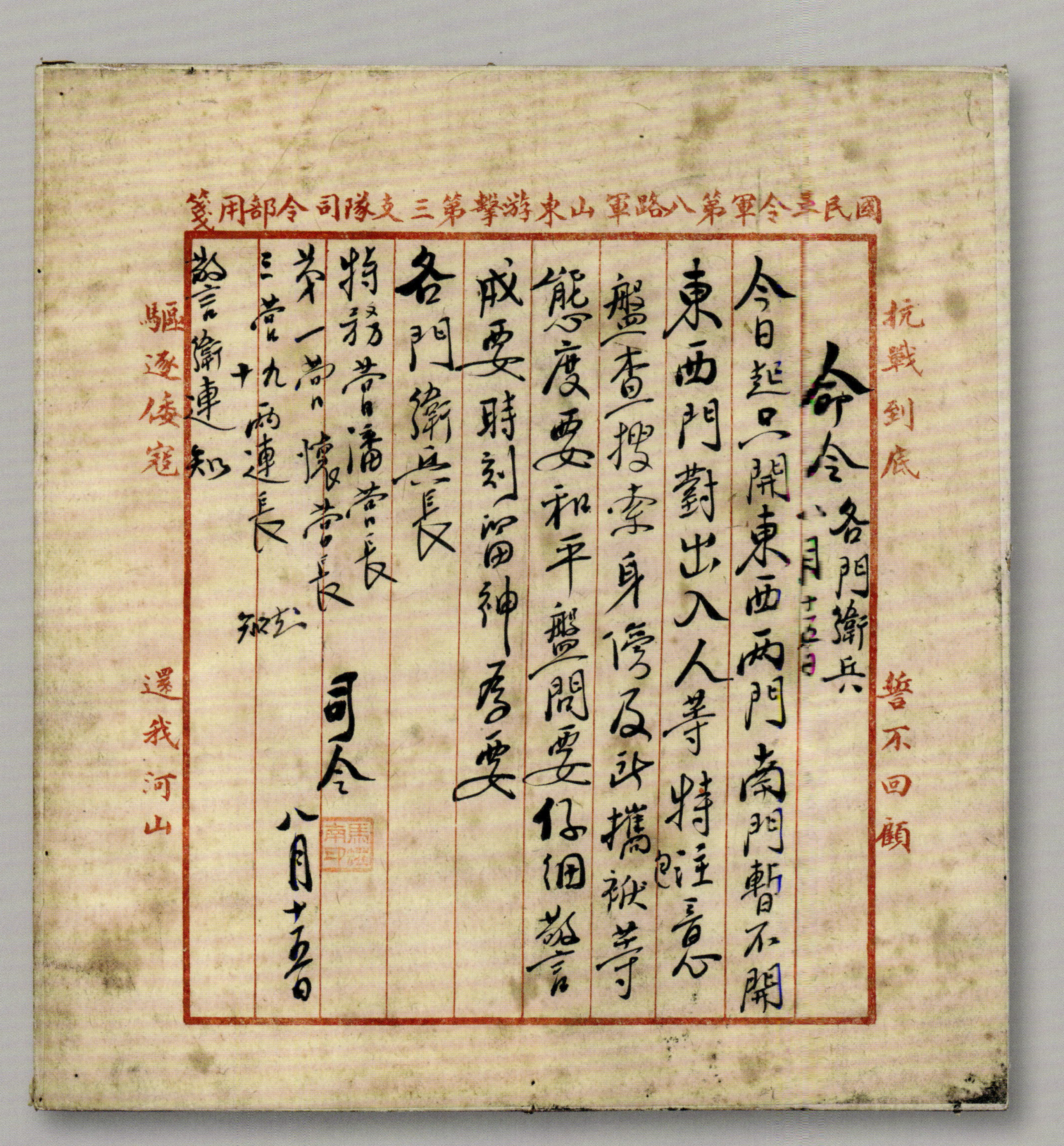

國民革命軍第八路軍山東游擊第三支隊司令部用箋

抗戰到底 誓不回顧

命令 各門衛兵 八月十五日

今日起只開東西兩門 南門暫不開

東西門對出入人等特注意

盤查搜索身傍及所攜包袱等

態度要和平 盤問要仔細 警

戒要時刻留神為要

各門衛兵長

特務營潘營長

第一營懷營長

三營九十兩連長

警衛連 知

司令 八月十五日

驅逐倭寇 還我河山

八路军山东人民抗日游击第三支队关于召开军政工作会议的通令

1938年10月
山东博物馆藏

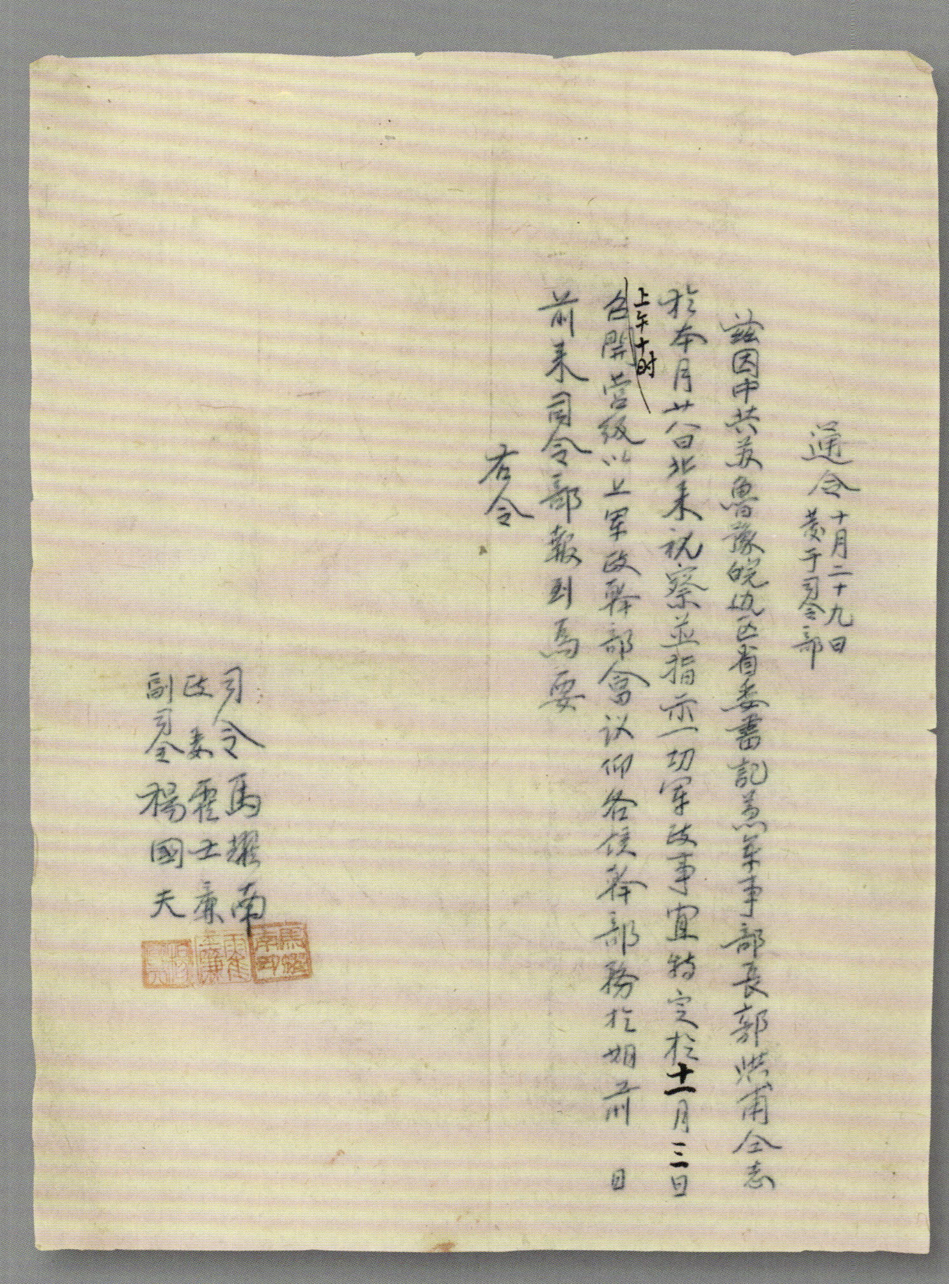

通令 十月二十九日 发于司令部

兹因中共苏鲁豫皖边区省委書記兼軍事部長郭洪涛同志於本月廿八日北来視察並指示一切軍政事宜特定於十一月二日上午十时召開營級以上軍政幹部會议仰各该幹部務於期前一日前来司令部報到為要

右令

司令 馬耀南
政委 霍士廉
副司令 楊國夫

1938年底，八路军山东人民抗日游击第三支队改编为八路军山东纵队第三支队。图为在清河地区举行的该支队成立大会。

1937年12月26日，在姚仲明、廖容标、赵明新、马耀南的领导下，山东黑铁山抗日武装起义爆发，建立了山东人民抗日救国军第五军。1938年6月，中共苏鲁豫皖边区省委决定，将第五军和临淄第三大队改编为八路军山东人民抗日游击第三支队。此为1938年10月29日八路军山东人民抗日游击第三支队司令部马耀南发出的通令。内容主要是因中共苏鲁豫皖边区省委书记兼军事部部长郭洪涛于10月26日视察八路军山东人民抗日游击第三支队，并指示一切军政事宜，因此司令部特召开营级以上军政干部会议，定于1938年11月3日上午10点召开，参会人员须如期赶往司令部报到。

徂徕山抗日武装起义是 1938 年 1 月 1 日山东泰安、莱芜、新泰、泗水地区人民在中共山东省委直接领导下，在泰安东南徂徕山地区发动的一次武装起义。徂徕山抗日武装起义发挥了山东抗战的源头作用，起到了山东抗日队伍的种子作用，在山东首次打出了八路军的旗号，打响了山东省委独立领导山东抗战的第一枪，揭开了山东党组织独立自主领导抗战的序幕。

程鹏

1901—1983

曾用名程金泉，号子源。山东泰安人。1924 年参加冯玉祥部队任连长，1927 年退役回家，发动本村 104 户农民成立“农民协会”，被选为会长。1936 年任国民党泰安县六区区长兼民团团长。全面抗战爆发后，1938 年 1 月，程子源带区队 100 余人赶到泰安徂徕山万寿宫参加山东省委领导的徂徕山起义部队，被编为二大队第八中队，程子源任二大队副大队长兼八中队队长，并改名为程鹏。后任八路军山东人民抗日游击第四支队第二团副团长，10 月任泰安独立团团长，同年加入中国共产党。徂徕山抗日武装起义揭开了山东党组织自主领导抗战的序幕，是抗日战争时期山东影响较大的一次起义，起义创建了“八路军山东人民抗日游击第四支队”和“山东西区人民抗敌自卫团”两支革命队伍，成为山东抗战的重要军事力量。

1940 年 2 月程鹏任泰安县抗日民主政府县长。1943 年至抗战结束，任泰南专员公署专员。1947 年任沂蒙专员公署专员兼支前司令，发动群众支援莱芜、孟良崮、南麻、临朐等战役。1948 年随军南下，任浙江省临安专署专员、地委委员。中华人民共和国成立后，先后任浙江省民政厅厅长、党组书记，浙江省人民委员会视察室副主任，中国人民政治协商会议第四届委员会常委等职。1983 年 3 月在浙江病逝。

程鹏参加徂徕山起义时使用的土手枪

1938年
山东博物馆藏

铁质土手枪，配有麻质挂绳。所谓土手枪，即指非制式生产的手枪。抗战期间，由于敌人的封锁，我方物资设备极度匮乏。这种土手枪即以外国制式手枪为模型，利用简单的车床工具进行仿制。虽然质量不及外国手枪，但在实战中能发挥较好的作用。这支土手枪是抗日战争时期泰安六区区长程鹏在1938年参加徂徕山抗日武装起义时使用过的。

洪涛

1912—1938

江西横峰人，1930 年 2 月加入中国共产党。1938 年 1 月 1 日徂徕山起义主要领导人。任八路军山东人民抗日游击第四支队司令员。1938 年 2 月下旬，洪涛和林浩等人带领部队前往莱芜、博山、淄川一带活动，开辟以莱芜为中心的抗日根据地。5 月初，部队在莱芜城鲁西镇以东，与日、伪军展开激战。洪涛不顾伤病，亲临阵地前沿指挥战斗。战后，洪涛的伤病恶化，于 1938 年 5 月 25 日，部队行进到泰安的劝礼村时病逝，时年 26 岁。

洪涛使用过的砍刀

抗日战争时期
山东博物馆藏

洪涛使用过的军号

抗日战争时期
泰安徂徕山抗日武装起义博物馆藏

军号是传达作战指令，进行通信联络的主要工具，该军号是八路军山东人民抗日游击第四支队洪涛司令员使用的。

1928年，洪涛参加了方志敏领导的赣东北农民暴动，编入了红十军，担任司号员。洪涛带着这枚军号跟随红十军进入中央苏区，参加了第五次反“围剿”和长征，七七事变后来到山东，参与组织领导了鲁西北和徂徕山抗日武装起义，担任徂徕山起义四支队司令员，1938年5月，四支队改番号为山东人民抗日联军独立第一师，洪涛任师长职务。1938年5月，洪涛因伤病恶化在泰安劝礼村病逝。后来刘宝臣（当年参与抢救洪涛的乡医之的儿子将这个军号捐给泰安徂徕山抗日武装起义博物馆。

洪涛使用过的行军床

抗日战争时期
泰安徂徕山抗日武装起义博物馆藏

该行军床是八路军山东人民抗日游击第四支队洪涛司令员用过的。洪涛作战勇敢，不怕牺牲，前后六次负伤。最后一次负伤一颗子弹头留在肺部。他领导徂徕山起义后肺部旧伤复发。莱芜反顽战斗时他已不能行走，战士们就用这张行军床抬着他指挥战斗，战斗结束后不久洪涛牺牲。刘宝臣（当年参与抢救洪涛）的儿子将这张行军床捐给泰安徂徕山抗日武装起义博物馆。

赵杰

1913—1996

又名赵东斌、赵正贵，河南商城人。中国人民解放军少将。1928年参加中国工农红军，同年加入中国共产主义青年团，1932年转入中国共产党。先后任红四军第十二师三十四团政治处宣传队队长，红九军第二十五师七十三团连政治指导员，红三十三军第九十九师二九七团政治处主任、师政治部主任，红三十三军经理部代理政治委员，红五军第十五师四十三团政治委员。参加了鄂豫皖革命根据地第一至第四次反“围剿”斗争。1937年10月来到山东，参与组织领导了山东徂徕山抗日武装起义，任八路军山东人民抗日游击第四支队副司令员兼团长，独立第一师副师长，第四支队副司令员兼支队后方司令部司令员，鲁中军区第一军分区、第四支队、第三军分区、第四军分区司令员，滨海军区第三军分区司令员兼旅长，参与领导反“扫荡”斗争，创建沂蒙抗日革命根据地。1955年被授予少将军衔，荣获二级八一勋章、一级独立自由勋章、一级解放勋章。第六、第七届全国政协委员。1988年荣获一级红星功勋荣誉章。1996年3月3日在北京逝世。

赵杰使用过的烧水壶

抗日战争时期
泰安徂徕山抗日武装起义博物馆藏

该烧水壶是八路军山东人民抗日游击第四支队赵杰副支队长用过的。2016年，赵杰的子女将这只烧水壶捐给了泰安徂徕山抗日武装起义博物馆。

林浩

1916—1996

山东牟平人，原名尹圭璋，别名尹浩林。1916年1月生，1932年加入中国共产主义青年团。1933年10月转入中国共产党。任中共济南高中支部书记，济南市工委委员。1936年任中共山东省委宣传部部长兼济南市委书记。同年9月为费县师范讲习所教员，开展费县党的工作。1937年10月任中共山东省委副书记。1938年1月参加领导徂徕山起义（任副政委），兼任八路军山东人民抗日游击第四支队政治部主任、政委，中共山东省委组织部部长、代书记，山东纵队后方司令部政委。1939年夏任山东一区（大鲁南区）党委书记、第一军区政委。1940年秋任胶东区党委书记兼胶东军政委员会书记，胶东军区政委。解放战争时期，任胶东军区政委。1947年兼任华东野战军第九纵队政委、党委书记。1948年6月任中共中央华东局政策研究室研究员。同年9月在中共中央马列学院学习。

中华人民共和国成立后，林浩于1951年任南京军事学院政治部教育部部长兼训练部副部长、宣教部第一部长、政治部副主任。1957年8月任高等军事学院政治部副主任、主任、副政委。1978年后任解放军政治学院院长、院党委第二书记。中共十二大代表。第六、七届全国政协委员。1955年被授予少将军衔。获一级独立自由勋章，一级解放勋章。1996年11月14日在北京逝世，享年80岁。

林浩使用过的怀表

抗日战争时期
泰安徂徕山抗日武装起义博物馆藏

该怀表是林浩用过的，徂徕山抗日武装起义博物馆建立后，林浩的子女将这只怀表捐献给博物馆。

封虞臣

山东新泰人。1937 年 12 月加入中国共产党，1938 年 2 月参加徂徕山抗日武装起义。中华人民共和国成立后，曾任上海纺织工业局干部学校（上海纺织工业职工大学）党委书记兼校长。

参加徂徕山抗日武装起义的封虞臣所读昆仑书店出版书籍《社会主义与进化论》

1938年
山东博物馆藏

铅印本。〔日〕堺利彦译编，张定夫重译，昆仑书店1929年初版，1938年翻印，是1949年之前马克思主义理论重要文献。

该书用《达尔文说》《马克思说》《马克思与阶级斗争》《达尔文与阶级斗争》《达尔文说与社会主义》《自然法则与社会学说》《人类之社会性》《道德，思想，言语》《动物的器官与人类的工具》《资本主义与社会主义》十章论述了马克思学说与达尔文学说的关系。该书的封面、封底各钤有“封虞臣章”朱印，是曾参加徂徕山抗日武装起义的封虞臣所读之书。

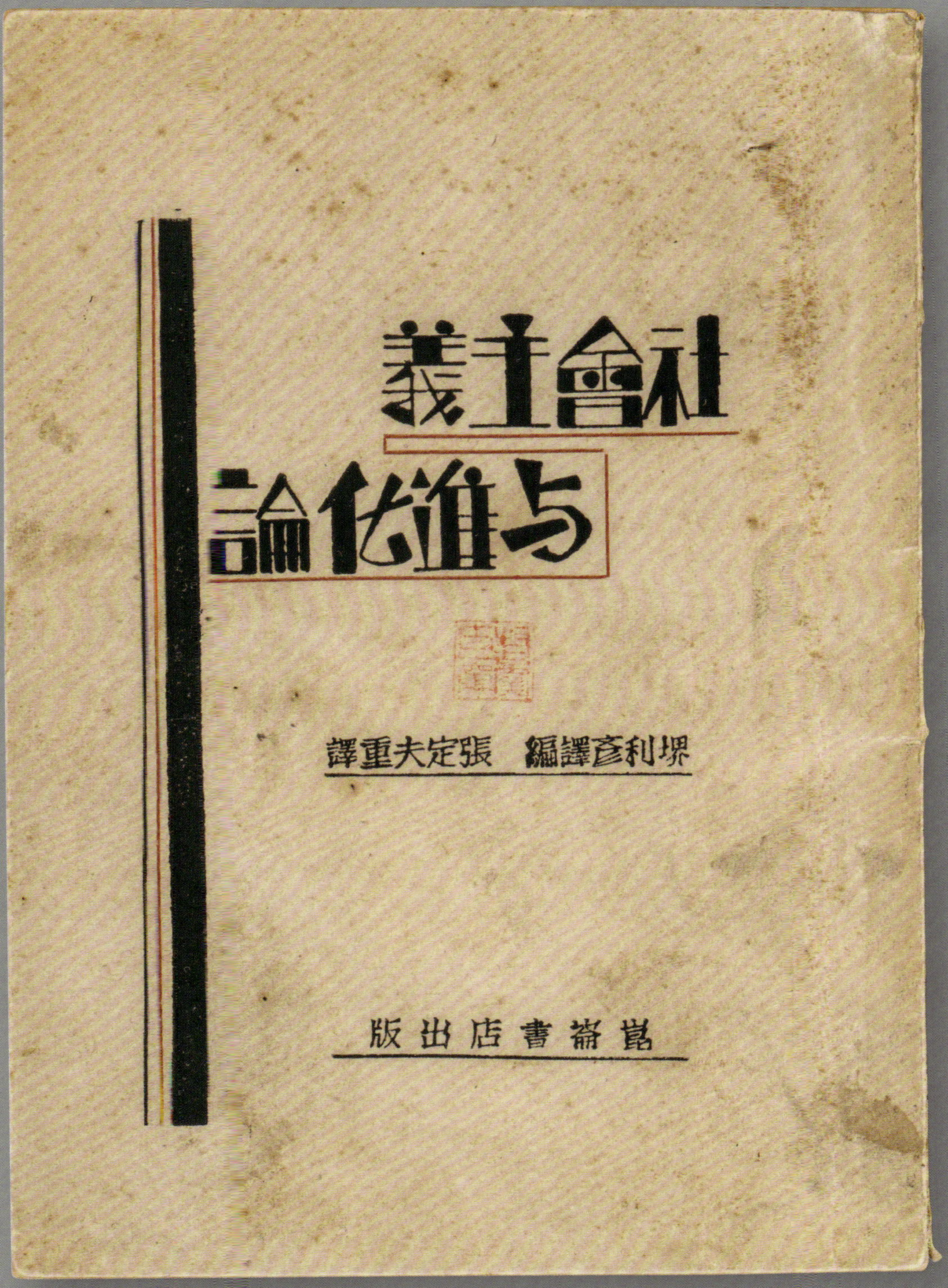

社會主義
与進化論

堺利彥譯編 張定夫重譯

崑崙書店出版

徂徕山抗日武装起义旧址徂徕山大寺（现称四禅寺，位于山东省泰安市泰山东南徂徕山西麓）

徂徕山抗日武装起义人员使用的铁马灯

抗日战争时期
泰安市博物馆藏

马灯为徂徕山抗日武装起义部队使用过的。收集于徂徕山小寺，原由和尚保存，1982年由泰山文管会移交。

黑铁山抗日武装起义部队袭敌长山县城时使用的砍刀

1938年
山东博物馆藏

1937年12月26日，姚仲明、廖容标、赵明新等100余人，在淄博黑铁山下举行抗日武装起义，成立山东人民抗日救国军第五军。廖容标任司令员，姚仲明任政治委员。几天后，马耀南来到黑铁山，决定成立临时行动委员会，由马耀南任主任，姚仲明为副主任，一切行动由该委员会商定。起义后，第五军一部在廖容标指挥下夜袭长山县城，在小清河上伏击日军汽艇，在三官庙击退日、伪军的进攻。此后各地群众自发组织的各股武装纷纷加入第五军，第五军不断发展壮大。

廖容标

1912—1979

江西赣县人。1929 年参加中国工农红军。1931 年加入中国共产主义青年团，同年转入中国共产党。土地革命战争时期，先后任班长，县游击队分队队长、连长、营长，独立团团长等职。参加了长征。

抗日战争时期，1937 年底参与组织领导了山东黑铁山抗日武装起义，先后任山东人民抗日救国军第五军司令员，八路军山东纵队第四支队司令员、第二旅副旅长、第四旅旅长，鲁中军区第一（泰山）军分区司令员，中共泰山地委委员、代理书记，山东军区第四师师长。

解放战争时期，先后任鲁中军区第四师师长、渤海军区副司令员、济南警备区司令员。

中华人民共和国建立后，相继任华东公安部队兼淞沪警备司令部副司令员，安徽省军区司令员，南京军区副司令员、顾问。1955 年被授予中将军衔。中国人民政治协商会议第五届全国委员会委员。

廖容标使用过的墨盒

1937年
淄博市博物馆藏

石质，方形墨盒，1937年，廖容标来淄博从事党的地下工作，在南岭大[illegible]建立了地下交通站、联络站，张正田同志负责地下交通站的工作，以裱字画为掩护传送情报。墨盒是当时廖容标所用。

姚仲明

1914—1989

山东东阿人。1930 年考入省立第一乡村师范，1931 年加入中国共产党，任济南乡师党支部成员。1936 年被国民党逮捕，全面抗战爆发后出狱。1937 年 10 月，山东省委决定选派姚仲明以北平流亡学生身份应聘到长山中学任国文教员。姚仲明在马耀南的支持帮助下，以长山中学为基点，积极进行抗日宣传，准备在清河西部地区筹建武装，组织起义。

黑铁山抗日武装起义时姚仲明使用过的桌椅

抗日战争时期
黑铁山抗日武装起义纪念馆藏

1937年11月，山东省委派从延安来山东的红军团长廖容标、鲁北特委宣传部部长赵明新到长山县。姚仲明仍以马耀南校长聘任教员的身份来到长山中学。山东省委决定成立长山中学特别党小组，姚仲明任组长，廖容标、赵明新为成员，党小组直属省委领导，肩负省委重托，推动、帮助马耀南校长组建抗日武装。

黑铁山起义当晚，姚仲明住到太平村起义的战士王宝环（王佩芝）家，后受本村富户向会三诚邀，又搬到向宅南屋居住办公。黑铁山起义部队转移外地征战，姚仲明政委用过的桌椅保留至今。

尹伊

1913—1944

又名尹天佑，济南历城人。15岁于董家庄高小毕业。1928年就读于济南育英中学。1938年初加入中国共产党。不久，任中共历城县支部委员。在支部的领导下，尹伊组织了一支抗日武装。同年8月，三十七中队东调，在淄川编为三支队十一团独立第一连，尹伊任指导员。为掩护工委，他开办了私塾，并卖掉土地和耕牛作活动经费，又以岳部保安十三旅特务大队的名义组织了一支短小精悍的抗日武装，以南部山区为依托，不断袭击敌人。尹伊及其特务大队的活动，有力地打击了日军。国民党山东省党部密电历城县党部“速设法处决”。1944年2月2日，历城六区伪区长李少毅借谈判之机，将尹伊杀害，尹伊牺牲时年仅31岁。1988年，济南市历城区政府在郭店镇武家庄南立“尹天佑烈士之墓”碑。

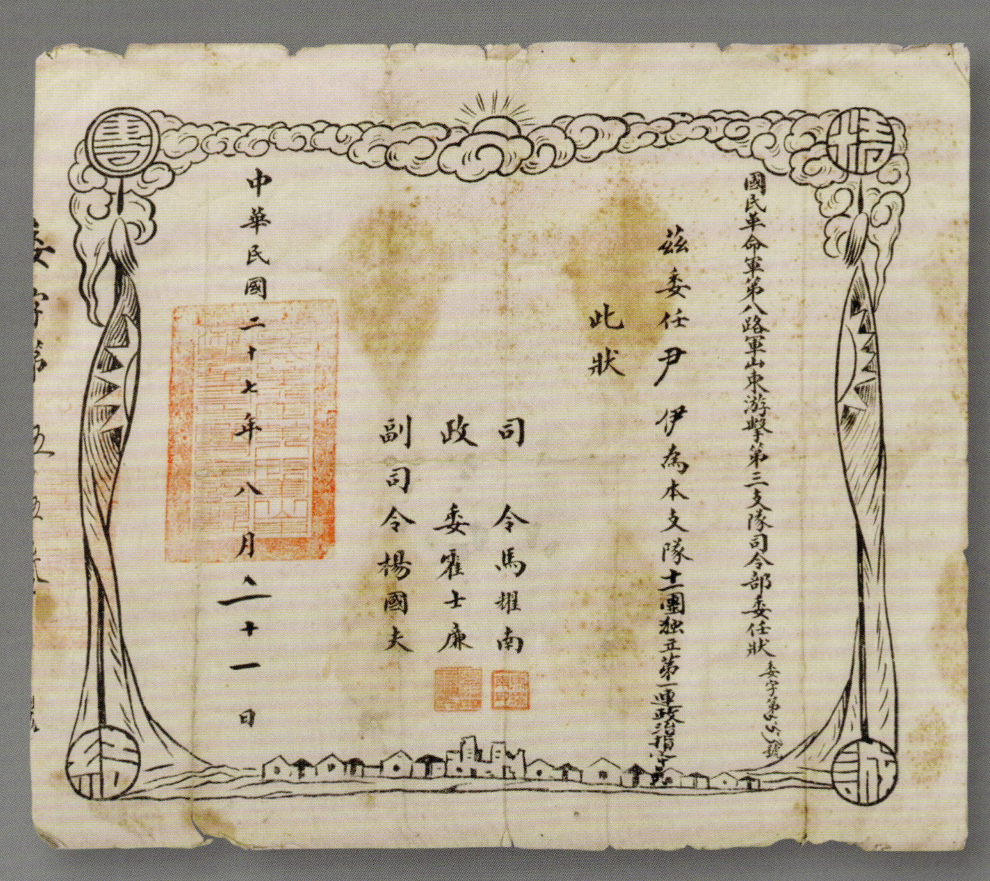
國民革命軍第八路軍山東游擊第三支隊司令部委任狀 委字第五六號

茲委任尹伊為本支隊十一團独立第一連政治指導員

此狀

司令 馬耀南

政委 霍士康

副司令 楊國夫

中華民國二十七年八月二十一日

益北特务大队印

抗日战争时期
青州市博物馆藏

木质、长方形印，阳文印文“国民革命军第十八集团军第八路军山东纵队第三支队益北特务大队队部”。

1938年3月，李云鹤和胡维鲁在益都成立八路军鲁东游击队第十支队，下设1个特务中队。7月，与临淄第三大队李人凤部合并改编为八路军山东人民抗日游击第三支队十团。1938年12月，中央军委为进一步统一山东地区各支队的领导，决定成立八路军山东纵队，任命张经武为指挥，黎玉为政委，其中第三支队未进行整编。

八路军山东游击第三支队委任尹伊为第一连政治指导员的委任状

1938年
济南市博物馆藏

1938年8月21日，国民革命军第八路军山东游击第三支队司令部委任尹伊为十一团独立第一连政治指导员，此为委任状。

中共山东省委机关报《大众日报》（创刊号）

1939年
山东省图书馆藏

《大众日报》是中共山东省委机关报，也是我国报业史上连续出版时间最长的党报。该报1939年1月1日创刊于沂水县王庄（今夏蔚镇王庄村），创刊初期为三日刊，后改为二日刊。1945年8月，日本宣布无条件投降后，改为日刊。

1949年4月以前，《大众日报》一直在解放区农村出版。1949年4月1日迁到省会济南出版。在抗日战争期间，《大众日报》是中共中央山东分局机关报。解放战争时期，是中共中央华东局的机关报，担负整个华东地区的全面宣传报道工作。1949年3月华东局南下，中共中央山东分局成立，《大众日报》又改为山东分局的机关报，并兼作中共济南市委机关报，1954年8月中共中央山东分局撤销，山东省委成立，该报即为山东省委机关报迄今。《大众日报》真实地记录了山东人民在党的领导下进行革命和建设的伟大历程，创刊以来不断得到党和国家领导人的关怀厚爱。

大众日报

創刊號

訂閱

廣告價目面議

本報啓事

青年報社緊要啓事

遺失聲明

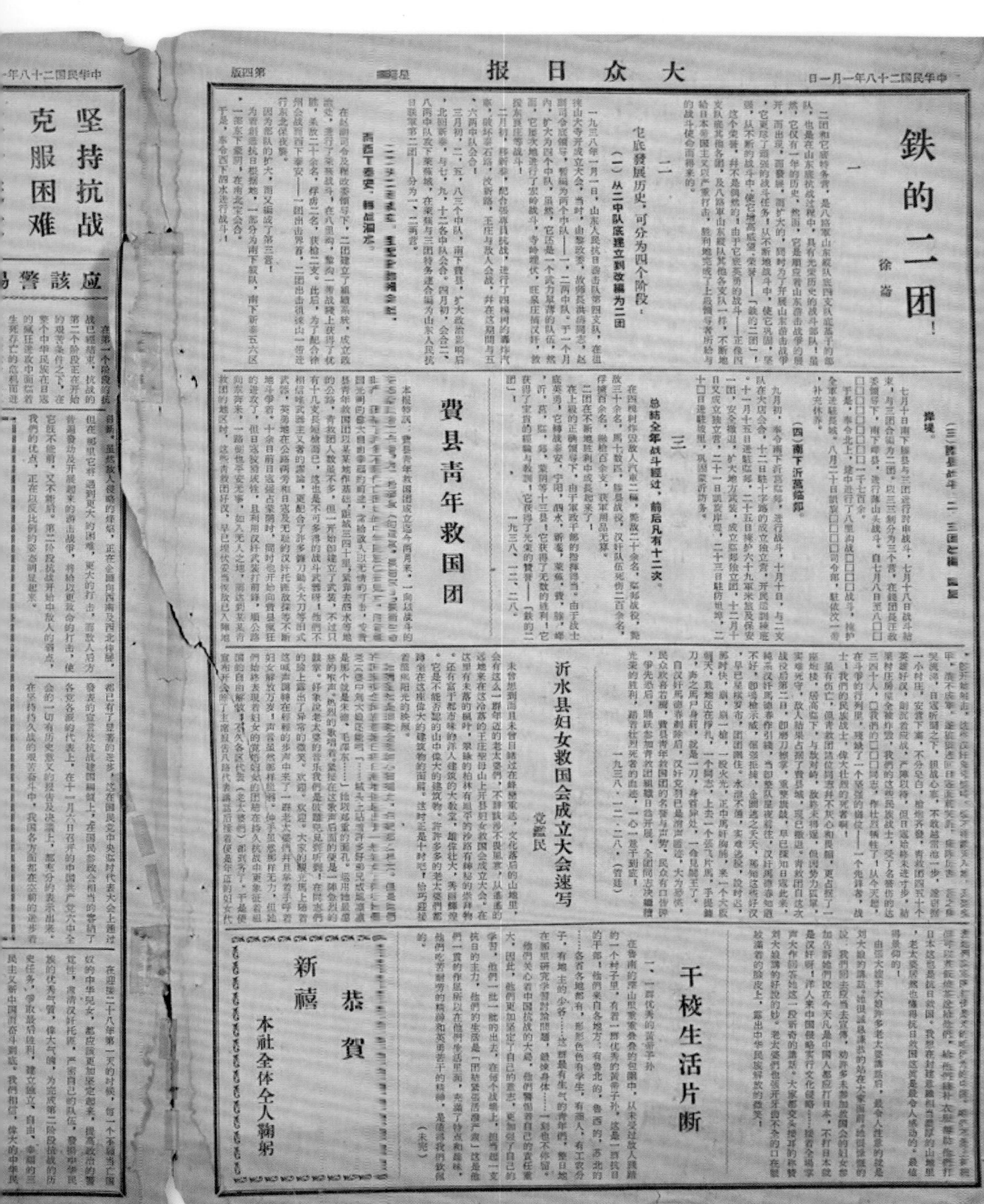

中华民国二十八年一月一日 大众日报 星期日 第四版

铁的二团！

徐 嵩

一

二团和它底特务营，是八路军山东纵队底四支队底基干的部队，也是在山东底抗战过程中，具有光荣历史的战斗部队！虽然，它仅有一年的历史，然而，它是顺应着山东游击战争的展开，而出现，而发展，而扩大的，同时为了开展山东游击战争，它更尽了艰巨的战斗任务！从不断地战斗中，使它巩固，坚强，从不断的战斗中，使它增高威望，荣誉——「铁的二团」！这个荣誉，并不是偶然的！由于它坚苦勇敢的战斗——正像四支队底其他各团，及八路军山东纵队其他各支队一样，不断地给日本帝国主义以严重打击，胜利地完成了上级领导者所给与的战斗使命而得来的。

二

屯底發展历史，可分为四个阶段：

（一）从二中队底建立到改编为二团

一九三八年一月一日，山东人民抗日游击队第四支队，在徂徕山大寺开成立大会，当时，由黎政委，故师长洪涛同志，赵副司令底领导，暂编为两个中队——一、二两中队，于一个月内，扩大为四个中队，虽然，它还是一个武力単薄的队伍，然而，它屡次地进行了宏岭战斗，寺岭埋伏，旺泉庄捕汉奸，被毁东良庄等战斗！

二月初，移新泰，配合张县长抗战，进行了四槐树的轰炸汽车，破坏泰石路，汶新路，王庄与敌人会战，并在这期间与五、六两中队会合！

三月初，二、五、八三个中队，南下费县，扩大政治影响后，北回新泰，与七、九、十二各中队会合。四月初，会合二、八两中队攻下莱芜城，在莱芜与三团特务连合编为山东人民抗日联军第二团——分为一、二两营。

在赵副司令及程政委领导下，二团建立了组织系统，成立政治处，进行了柴汶战斗，在八里沟，黎内一带战役上获得了优胜，杀敌二十余名，俘虏二名，获枪二支。此后，为了配合徐州会战而西下泰安——一团出击界首，二团出击徂徕山一带进行袭击保夜袭。

因为部队的扩大，而又编成了第三营！

为着创造抗日根据地，一部分为南下部队，南下新泰五六区，一部东下蒙阴，在南北宅会合。

于是，奉令西下泗水进行战斗！

（三）……

（四）南下沂莒临郯

三

总结全年战斗经过，前后凡有十二次。

……

一九三八、一二、二八。

费县青年救国团

……

沂水县妇女救国会成立大会速写

党鑑民

……

千校生活片断

一、一群优秀的黄帝子孙

在鲁南的萍山重重叠叠的包围中，从未受过敌人践踏的一个村子里，有着一群优秀的黄帝子孙，这是一群抗日的干部！他们来自各地方：有鲁北的，鲁西的，苏北的……各省各地都有，形形色色有学生，有商人，有工农分子，有地主的少爷……这群最有生气的青年们，整日地在那里研究学习讨论问题，锻炼身体……一刻也不停留。他们关心着中国抗战的大局，他们警惕着自己的责任重大，因此，他们更加坚定了自己的意志，更加促了自己的学习，他们一批一批的出去，在每个战场上，担当起一支抗日的主力，他们的生活是「团结紧张活泼严肃」，这是他们一贯的作风，所以在他们生活里面，充满了特点和趣味，他们也有耐劳的精神和英勇若干的精神，是值得我们钦佩的。

（未完）

坚持抗战
克服困难

应该警惕

大众日报人既是办报队，也是战斗队。在抗战时期反“扫荡”的时候，报社组织了游击大队，一是为了保卫报社，二是发动群众反“扫荡”。多次与敌军遭遇作战。1941 年 10 月，日军调集了 5 万兵力对沂蒙山区抗日根据地大举“扫荡”。11 月下旬，《大众日报》第一战时新闻小组被迫转移，11 月 30 日拂晓走到大青山时陷入敌人包围圈。新闻小组在战斗中被冲散，30 多位同志除个别人突围外，全部壮烈牺牲。这就是山东抗战史上壮烈的“大青山突围”，同时也是《大众日报》历史上最大的一次牺牲。战争年代，大众日报社有 530 余名干部、职工在工作和战斗中英勇捐躯，这在中国报业史上乃至世界报业史上都是极为罕见的。

大众日报社油印人员在印刷新闻稿

中华民国二十八年一月一日 大众日报 星期日 第一版

大衆日報

坚持抗战 克服困难 准备进攻

二十八年一月一日创刊

创刊号

本报今日一张 零售每份四分

订阅 每月六角 [illegible]

广告价目面议

总发行处 莒县 夏庄 黄山铺

代销处 各地八路军办事处

应该警惕的二十八年的第一天

在第一个阶段的抗战已经结束，抗战的第二个阶段正在开始的艰苦条件之下，在[illegible]的疯狂进攻中面临着生死存亡的危机而进行了一年六个月并正在进行着持久的神圣抗战的悲壮战斗之下，我們踏上了中华民国二十八年的第一天。

在我們以满怀的仇恨与热情，为完成抗战第二阶段中「坚持抗战，克服困难，准备反攻」，于以「转弱为强」，争取第三阶段的最后胜利的历史任务，而悲壮地，沉着地，坚定地踏上应该警惕的二十八年的第一天的时候，本社同人谨代表正在期待着本报出世的千百万读者，向坚决领导抗战的民族领袖蒋委员长致崇高的敬意，并以无限的热忱与慰问的敬意，致之于前线全体抗日将领，全体政治工作人员，全体抗日战士，全体游击队战斗员及指挥员！中央及各级机关的领导者与工作人员，以及全体领导民众运动的爱国志士之前。对于为国捐躯，作壮烈牺牲的一切最优秀儿女，致深長的哀悼。

在过去的一年中，虽然我們失去了徐州，开封，郑州，安庆，□□□□□□□及最后一个中心城市，□□□□□敌人得到这些城市，都是付了很大的代价，在[illegible]，都把敌人消耗了很大的力量，[illegible]是台儿庄之役及保卫武汉的战役中，敌人虽然占领了这些城市及许多交通路线，但都处于中国军队，游击队及人民的外线包围之中，铁路，公路不断的被破坏，截断。虽然敌人侵略的烽焰，正在企圖向西南及西北伸展，但在那里它将遇到更大的困难，更大的打击，而敌人后方普遍发动及开展起来的游击战争，将给以更致命的打击，使它既不能前，又不能后。第二阶段抗战开始中敌人的弱点，我們的优点，正在以反比例的姿态明显起来。

在过去的一年中，亲日派汉奸汪精卫[illegible]件醜類者中途屈服的和平运动，而□□□□□□□坚决抗战的领导下，终于[illegible]了。托匪汉奸虽然能[illegible]弃一些顽固分子，从事挑拨离間的无耻伎俩，但国共两党及其他各抗日党派的团结，抗日民族统一战线的巩固与扩大，都已有了显著的进步，这在国民党中央临时代表大会上通过发表的宣言及抗战建国綱領上，在国民参政会相当的容納了各党各派的代表上，在十一月六日召开的中国共产党六中全会的一切有历史意义的报告及决議上，都充分的表示出来。在坚持持久战的艰苦奋斗中，我国各方面都在空前的进步着。「从今以后，更需上下一齐努力，在已有进步基础之上，获取更大的进步。我伟大中华民族，一定能克服困难，增加力量，停止敌人进攻，转弱为强，准备我之反攻，以驱逐日寇，还我河山，取得中国之彻底解放」（中共六中全会告全国同胞全体将士和全国国共两党同志。）

在迎接二十八年第一天的时候，每一个不願当亡国奴的中华兒女，都应該更加坚定起来，提高政治的警覺性，肃清汉奸托匪，严密自己的队伍，發揚中华民族的优秀气質，偉大气魄，为完成第二阶段抗战的历史任务，争取最后胜利，建立独立、自由、幸福的三民主义新中国而奋斗到底。我們相信，偉大的中华民族，一定能象鉄一般的团結起来，四万万五千万人象一个巨人那样的站立起来，在战胜一切艰难困苦中，战胜日本帝国主义，取得最后的徹底解放。就在这个信念上，我們一定能根据各个具体的环境，完成各个具体的任务。就是說，我們一定能完成整个抗战任务中，坚持与扩大鲁南的游击战争，巩固鲁南游击根据地，粉碎敌人的「扫蕩」。

發刊詞

自从去年「七七」事变后發动了神聖的抗战事业以来，已經一年又五个多月了。在日寇这一年五个月来的瘋狂的飞机大炮的轟炸与屠杀，以及奸淫擄掠的暴行中，使每一个中国人民認識了体驗了日本帝国主义的惨无人道的恶毒企圖，这个企圖就是要整个的灭亡中国，整个的消灭中华民族！同时，在这一年五个月来的神聖的偉大抗战事业中，一方面証明了中华民族确是一个不可征服的民族，它粉碎了敌人「速战速决」的迷梦，一方面又証明了一切亲日派恐日病者及汉奸托匪的和平运动，中途屈服及挑撥離間的无耻行为，都是徒然的！相反的，国内的精誠团結，統一战綫的巩固与扩大，各党派尤其是国共两党的亲密合作，是更加强了，誠如蔣委員長所說「日寇越打我国內部越团結」了，在实际的艰苦的战斗生活中，愈更坚强了坚持持久战，坚持統一战綫，克服困难，准备反攻，争取最后胜利的信心，愈更坚强了争取中华民族的徹底解放，为独立，自由，幸福的三民主义新中国的建立而奋斗的信心。

由于武汉放弃，广州淪陷所形成的过渡时期及第二阶段抗战的开始，无疑的在客观上更增加了很多困难，同时我国更加团結与更加进步了，这些团結与进步的發展一定是能够战胜我們的困难，争取最后的胜利。全国最高統帥蔣委員長在十一月一日告同胞書中指出：「吾人須認清今后必須致力于战争以支持全面抗战之局面，而最后之成功，亦必須坚忍奋斗刻苦自励而始底于成」是完全正确的方針。在这种严重的情势之下，特别是在敌人正在企圖开始「扫蕩」后方的严重情势之下，如何坚持与开展敌人后方的广泛的游击战争，鞏固及巩固游击根据地，不断的打击敌人准备全面的反攻，最后驅逐日寇出中国呢？我們認为必須：

第一，加紧动員民众，組織民众，武裝民众，建立自衛团，实行放哨盘查，肃清汉奸，协助与配合軍队作战。地方政府必須切实执行抗战建国綱領上所載的条文：「發动全国民众，組織农工商学各团体，改善而充实之，使有錢者出錢，有力出力，为争取民族生存之抗战而动員」（第二十五条），又說：「指导及援助各地武裝人民，在各战区司令長官指揮之下，与正式軍队配合作战，以充分發揮保衛乡土捍御外侮之效能，并在敌人后方發动普遍的游击战，以破坏及牵制敌人之兵力」（第十条）。

第二，加强軍队中的政治教育工作，使軍民眞正打成一片，官兵眞正同甘苦共患难，在統一指揮下灵活的，积極的，主动的开展游击战争，不断的襲击敌人，歼灭小部敌人，消耗較大敌人，破坏交通，保衛及扩大游击根据地。

第三，改善政治机构，提高行政效率，保証政治机构之充分的民主化，在可能条件下改善人民生活，坚决执行：「在抗战期間，于不違反三民主义最高原則及法令范圍，对于言論，出版，集会，結社，当予以合法之充分保障」（抗战建国綱領（二十六条））。

第四，巩固与扩大抗日民族統一战綫，国共两党及一切抗日党派精誠合作，共同領导，絕对捐弃成見，避免磨擦，削弱及分散抗战力量。也只有在这个基础上，才能中止汉奸托匪挑撥離間，造謠中伤的无耻伎倆。

正当敌人开始进攻魯南，而魯南的民众正在加速的动員起来，武裝起来，用突击的方式普遍組織自衛团以配合軍队为粉碎敌人进攻，保衛魯南，巩固与扩大抗日游击根据地而坚决奋斗的时候，本报終于克服了許多困难与大众見面了。我們将本着上述的信念及原則，为大众服务，成为他們精神上的必要因素之一，成为他們自己的喉舌，更成为他們所热烈支持的最公正的輿論机关。我們将尽量登載各方面有益于抗战的言論，同时欢迎各方面善意的批評。

本报啓事

由于印刷机关还沒有完全整理及补充起来，所以本报只能暂出三日刊，而一切內容形式也都不能达到所要求的程度。我們当以最大努力来使它不久便变成二日刊以至日刊，內容和形式方面，也力求其充实生动。我們期待着各方面的援助及批判。

一月一日編輯室

青年报社紧要啓事

本社同人为集中力量出版一种內容丰富印刷精良之报紙，以期提高新聞效能，加强抗战力量起見，本社同人全体参加大众日报社工作，已于本月十五日[illegible]办理一切籌备事宜，惟以行色匆匆，未克出版終刊号向讀者諸君說明，殊深抱歉，至于訂閱本报未滿期之訂戶，以后向大众日报社照数补發，凡訂戶有欠报費者亦請交大众日报社代收为要，統希亮察并請原諒！

遺失声明

鄙人来三区办公因一时不慎遺失牙質方形篆書手章一顆文为曹老驥印特此声明作廢

曹老驥啓

1939年1月1日《大众日报》创刊号。创刊号四个版共发表文章、通讯、消息、广告、启事74篇。一版头条文章是《应该警惕的二十八年的第一天》，一版正中间是发刊词。

《大众日报》印刷厂使用的油印盘

1939年
沂水县云头峪村《大众日报》创刊地纪念馆藏

1938年秋，中共苏鲁豫皖边区委员会（后改为中共中央山东分局）和八路军山东纵队进驻沂水县王庄后，为了宣传群众，扩大抗日根据地，决定由刘导生和匡亚明负责创办大众日报社。刘导生和匡亚明接到任务后，面对一无人员、二无设备和物资的状况，山东分局书记郭洪涛亲自动员并给予了大力支持。将设在天马场的印刷厂搬到距王庄4公里的云头峪村，把沂水当地进步报纸《青年报》全体人员纳入进来，并从岸堤干校抽调十几名青年干部充实到报社。同时，筹集了电台、收音机、油印机、电话及油印盘、照相机和石印盘等重要办报物资。经过紧张的筹备，一支由刘导生任社长、匡亚明为总编辑、于一川任印刷厂长共65人的报社队伍建立起来了。就这样，1939年1月1日，在抗战的烽火硝烟中，红色的《大众日报》创刊号诞生了。

《大众日报》作为迄今全国连续出版时间最长的党报，忠实记录了山东人民在党的领导下进行的可歌可泣的奋斗历程，是山东党和人民革命和建设史诗的一部分。

大众日报社使用的石印版

1939年

沂水县云头峪村《大众日报》创刊地纪念馆藏

1938年12月31日，印刷厂干部职工按各自分工，用简陋的机器设备，紧张有序地开始工作。从夜里12点开机印刷，到1939年1月1日早上5点，2000份《大众日报》创刊号全部印刷完毕。《大众日报》在偏僻的云头峪村诞生。

由于战事频繁，报社被迫不断转移，《大众日报》仅从创刊至1947年11月19日，报社机关设在临沂地区境内的8年零10个月又19天，就经历了抗日战争和解放战争两个历史阶段，先后辗转于临沂的9个县计30余个村庄。《大众日报》在战争环境中一直坚持出版，因特殊情况不能铅印时，就出石印、油印报或书页式小报。整个抗战时期，《大众日报》是中共山东分局机关报；1945年中共中央华东分局成立，一直是华东局机关报；1949年，华东局南下，山东分局成立，改为山东分局机关报；1954年，中共山东省委成立，由此改为山东省委机关报，相承至今。

为了《大众日报》的诞生和发展，沂蒙山革命老区的群众作出了巨大贡献。160多位沂蒙乡亲在战争年代，为了帮助报社埋机器、藏纸张、掩护伤员而壮烈牺牲。他们中有老人，有孕妇，也有未成年的孩子。报纸从印刷发送到设备保存，报社干部职工从生活起居到战斗转移无不得到群众的倾力支援。《大众日报》创立时，报社印刷厂所在的云头峪村最新的房子就是群众牛庆禄的新婚小家。报社在云头峪村招聘工人，做印刷厂的摇机员，时年40多岁的张之佩因身体强健成为当然人选。之后临近出报时，又被报社慎重选为交通员，穿越敌人的封锁线挑担送报，将报纸冒死送到山东分局、山东纵队指挥部……《大众日报》在沂蒙深山出版，就靠交通员们越过千山万水，冲破种种险阻艰难，发往全省各地及大江南北和革命圣地延安。

1937 年 7 月 7 日，日军借口“演习”时一名士兵失踪，向宛平县城和卢沟桥发动进攻，标志着日本全面侵华战争的开始。

遭日军炮轰的宛平县城

国民革命军第八路军山东游击第四支队独立营政治处编印《“七一”“七七”纪念特刊》

1938年7月
山东博物馆藏

国民革命军第八路军山东游击第四支队独立营政治处于1938年7月编印。刊登了《纪念七七“口号”》《纪念七一和七七》《纪念七一和七七要坚持山东抗日游击战争》《我们用战斗纪念了七七》等六篇宣传抗日救国的文章。

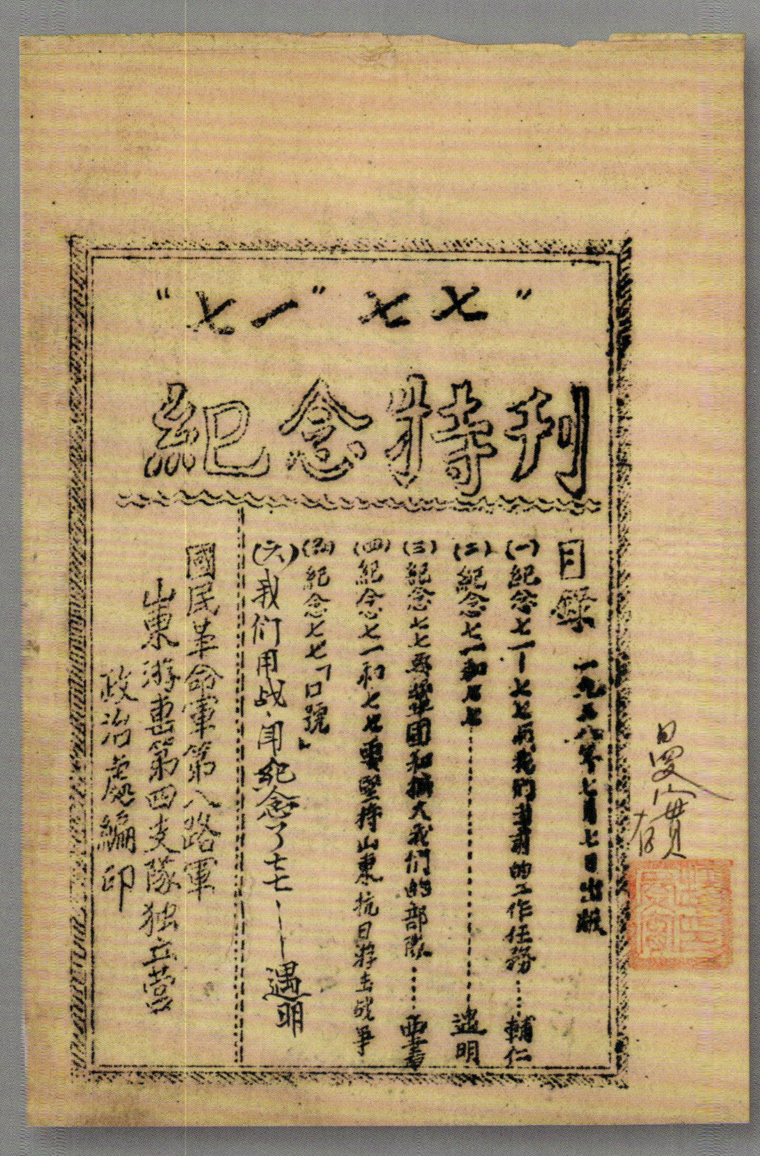

“七一”“七七”

紀念特刊

目錄 一九三八年七月七日出版

(一)紀念七一七七與我們當前的工作任務……輔仁
(二)紀念七一和七七……遠明
(三)紀念七七要鞏固和擴大我們的部隊……[illegible]
(四)紀念七一和七七要堅持山東抗日游擊戰爭
(五)紀念七七「口號」
(六)我們用戰鬥紀念了七七——過明

國民革命軍第八路軍山東游擊第四支隊獨立營政治處編印

范筑先

1881—1938

山东馆陶（今属河北省）人，国民党爱国将领。早年从军到北洋陆军。辛亥革命后任陆军第八旅旅长。1931 年回山东先后任第三路军参议，沂水县、临沂县县长，为官清廉，受到临沂百姓拥护。1936 年任国民党山东省第六区行政督察专员、保安司令兼聊城县县长。全面抗战爆发后，范筑先拒绝韩复榘撤退命令，拥护中国共产党的抗日主张，坚持留在鲁西北地区组织群众进行抗日，成为全国统战的典范。1938 年，拒绝国民党政府将抗日武装改编为省属保安旅的命令，与八路军一二九师签订互相支援的协议。范筑先率部接连击退敌人多次进攻。后接受中共鲁西北特委建议，将各地武装和地方民团收编为抗日游击队，先后建立了 20 多个县的抗日政权和 5 万人的抗日武装。武汉保卫战期间，范筑先率部两次进击济南以牵制日军。1938 年 11 月在聊城抗击日军，范筑先率部督战，守军被日军包围，600 多名将士大部分战死。范筑先宁死不当俘虏，抵抗至最后，举枪自尽，壮烈牺牲。

范筑先传略

抗日战争时期
山东博物馆藏

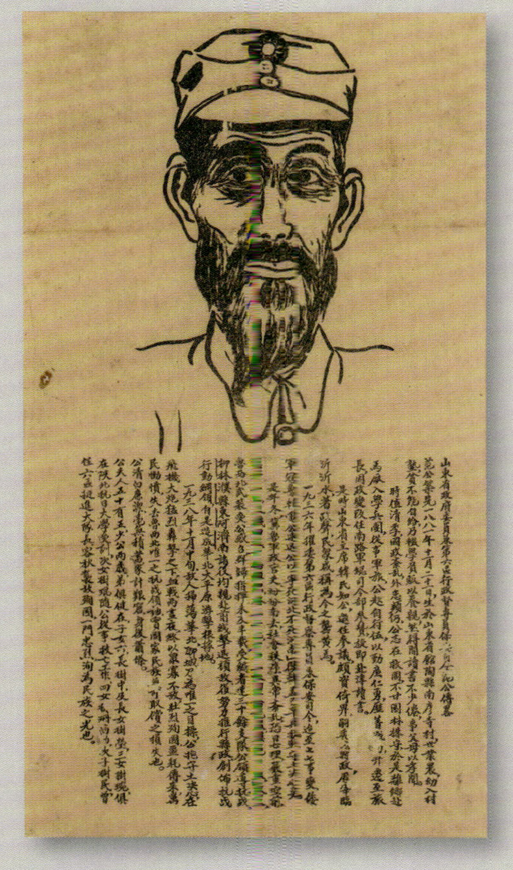

抗日先烈范筑先殉国后山东抗日根据地为其所作的传略。传略详述范筑先的生平、从军履历和坚持抗日作战、壮烈殉国的英勇功绩。文末高度赞扬范筑先的家人子女皆服务于抗日大局，一门英烈。

通俗读物编刊社编辑、生活书店发行《范筑先聊城殉国》

1940年
山东博物馆藏

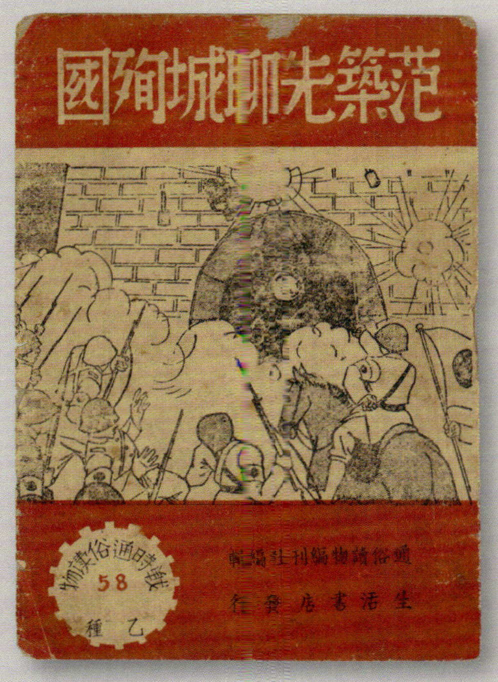

1940年通俗读物编刊社编辑、生活书店发行。抗战英烈范筑先，山东馆陶（今属河北省）人，山东省第六区行政督察专员兼保安司令。2014年9月被中华人民共和国民政部授予抗日英烈荣誉称号。

张郁光

1905—1938

原名张舒义，山东济南人。鲁西北抗战领导人之一。1938 年 11 月 14 日，日军从东阿渡黄河进攻聊城。已先期撤出城的张郁光和姚第鸿，奉命回城内催促范筑先出城。但范筑先被国民党顽固分子拖在城内，失去了撤出城的有利时机。张郁光遂协助范筑先指挥守城作战。15 日，城门被日军攻破，范筑先殉国，在守城部队陷入混乱状态的情况下，张郁光继续指挥巷战。聊城失陷后的第二天，日军沿大街小巷，挨门挨户搜查。张郁光和姚第鸿等 7 人在同日军巷战后退到状元街一市民家中，后被日军搜查时发现。张郁光等人同日军展开了英勇搏斗，终因寡不敌众，被日军押到万寿观广场杀害，年仅 33 岁。

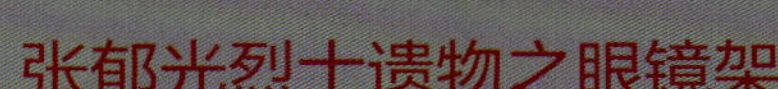

张郁光烈士遗物之眼镜架

抗日战争时期
聊城中国运河文化博物馆藏

大姚庄战斗时杨承地使用的腰刀

1938年
冀鲁豫边区革命纪念馆藏

1938年青救会青年抗日救国会分队长杨承地在大姚庄战斗中使用的腰刀。1938年，日、伪军1000余人进攻巨野县大姚庄。在中共郓城中心县委领导下，500余名联庄会员、青救会员，奋起抵抗，与日、伪军进行了英勇顽强的殊死斗争。

巨北联庄会对日作战时使用的令鼓

1938年
冀鲁豫边区革命纪念馆藏

巨北联庄会传递信息、鼓舞士气的令鼓。1938年，日军在巨野等地烧杀抢掠，冀鲁豫边区的人民自卫团体巨北联庄会奋起抗日，凭借土枪土炮、大刀长矛等简陋武器，在大姚庄战斗中消灭日军30余人。

胶东武委会、青联联合发出的“青抗先入队誓词”

抗日战争时期
山东博物馆藏

青抗先入隊誓詞

我為了最後打敗日本帝國主義，爭取民主獨立富強新中國，志願加入青年抗日先鋒隊，在民兵裡起骨干作用，遵守紀律，服從領導，不怕一切艱難困苦，堅決斗爭到底，如有違犯願受組織處分，紀律制裁！

謹誓

膠東武委會
青　聯　製

单页油印。青年抗日先锋队入队誓词，由胶东武委会、青联联合制定。誓词如下。

我为了最后打败日本帝国主义，争取民主独立富强新中国，志愿加入青年抗日先锋队，在民兵里起骨干作用，遵守纪律，服从领导，不怕一切艰难困苦，坚决斗争到底，如有违犯愿受组织处分，纪律制裁！

谨誓

“青抗先”即青年抗日先锋队的简称，是在陕甘宁边区和敌后抗日根据地，为配合部队作战，保卫敌后根据地，由边区青救会在党的领导下组织起来的一支地方青年武装。1935年11月，中共中央发布了《关于青年工作的决定》，决定改造中国青年团的组织及其工作方式，使青年团成为广大群众的、为民族解放而奋斗的、非党的青年组织。同年12月20日，根据党中央建立抗日民族统一战线和改造共青团的决定，共青团中央发表了《为抗日救国告全国各校学生和各界青年同胞宣言》，声明共青团改为抗日救国青年团，欢迎一切爱国青年加入。共青团改造的结果是在国民党统治区产生了中华民族解放先锋队，以及后来武汉、徐州等地的青年救国团和广东的青年抗日先锋队，在陕甘宁边区和敌后根据地则产生了青年救国会、青年抗日先锋队等组织。全面抗战爆发后，青年抗日先锋队在敌后抗日根据地普遍建立，属于坚持参加生产的半军事性的自卫武装组织。在党的领导下，青抗先组织广大青年积极参加了巩固根据地的斗争和工作，在配合主力部队作战、武装斗争、减租减息、大生产运动以及文化建设和政权建设中，都做出了出色的成绩。

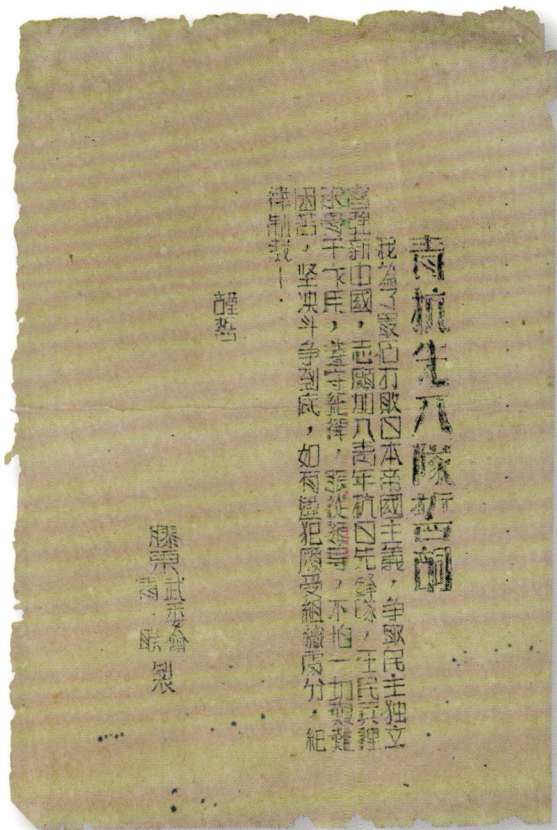

《抗日民族统一战线》

1939年

山东博物馆藏

山东敌后根据地流传的抗日教材。全面抗战爆发后，中国共产党以国家民族利益为重，摒弃前嫌，与国民党建立了抗日民族统一战线。抗日民族统一战线的形成，受到山东各界民众的拥护和支持，全省出现了抗日救亡运动的高潮。中国共产党广泛动员民众，建立抗日政权和武装力量，开展游击战争，创建抗日根据地。

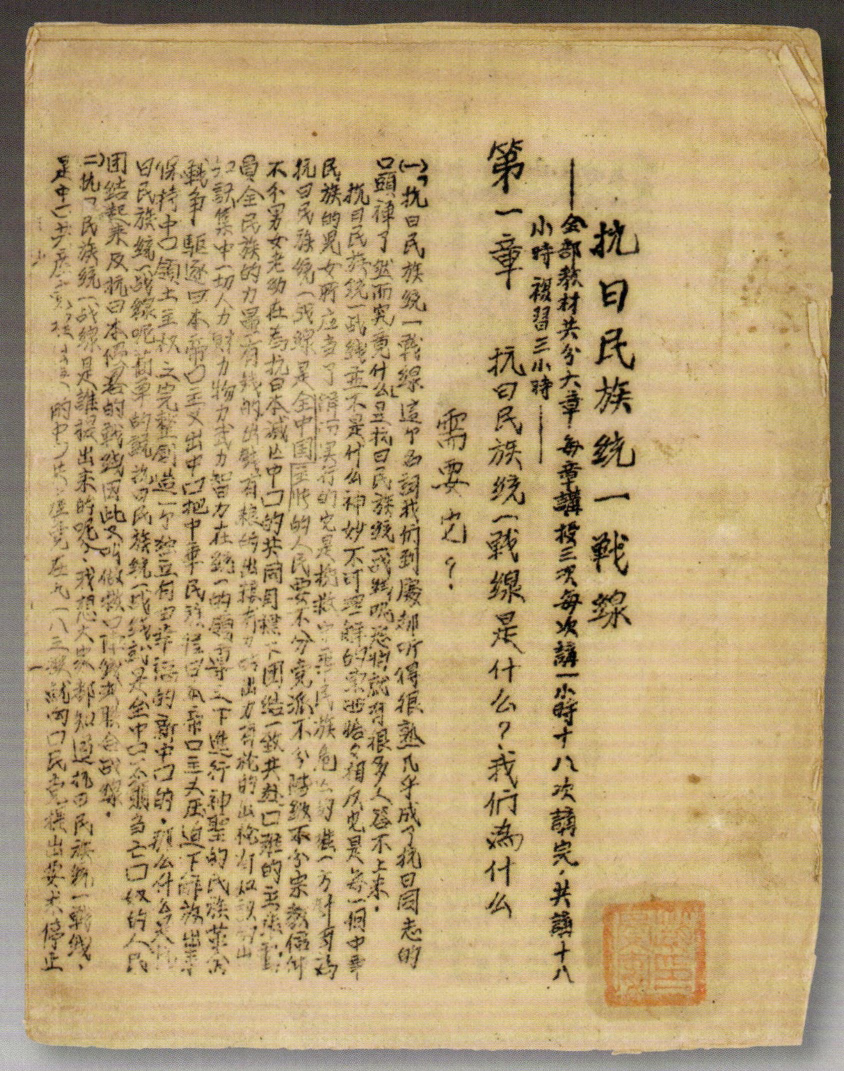

抗日民族统一戰線

——全部教材共分六章，每章講授三次，每次講一小時，十八次講完，共講十八小時，複習三小時——

第一章 抗日民族统一戰線是什么？我們為什么需要它？

(一)"抗日民族统一戰線"這個名詞我們到處都听得很熟，几乎成了抗日同志的口頭禪了，然而究竟什么是抗日民族統一戰線呢？恐怕就有很多人答不上來。

日本无产党再建委员会《告前线同志书》

1938年
济南市博物馆藏

《告前线同志书》，日文，由日本无产党再建委员会于1938年5月1日发布。主要内容刊载有“从一开始我们就极力反对此次战争。代表资本家、地主、奴隶的御用政党作为统治阶级与军部首脑联合，不论战况如何，都不可能让民众过上安稳的生活……同志们，我们成了侵略者的爪牙，我们应该白白牺牲吗?不行!坚决不行!为了东洋的和平，为了国家的革新，被军部、资本家、地主所束缚的战士们，为了你们自身的解放，现在正是好的时机，请终止侵略战争!现在正是进行国内社会改革的好时机!”说明当时的日本无产党对于第二次世界大战日本侵略中国等国家是反对的。

《告前线同志书》1977年入藏博物馆，由尹天佑（尹伊）的家属捐献。1941年，尹天佑被日、伪逮捕，任凭敌人严刑拷打、军犬撕咬，他都坚强不屈，表现了共产党员的崇高气节。不久，他被人保释。1942年，中共历城县委在现在章丘区苏官庄成立，尹天佑任县委委员。1943年冬，济王工委在王舍人庄成立，尹天佑任工委书记。1944年2月，岳伯芬按照山东省国民党党部密令，与历城县六区伪区长李少毅密谋杀害了尹天佑，牺牲时年仅31岁。

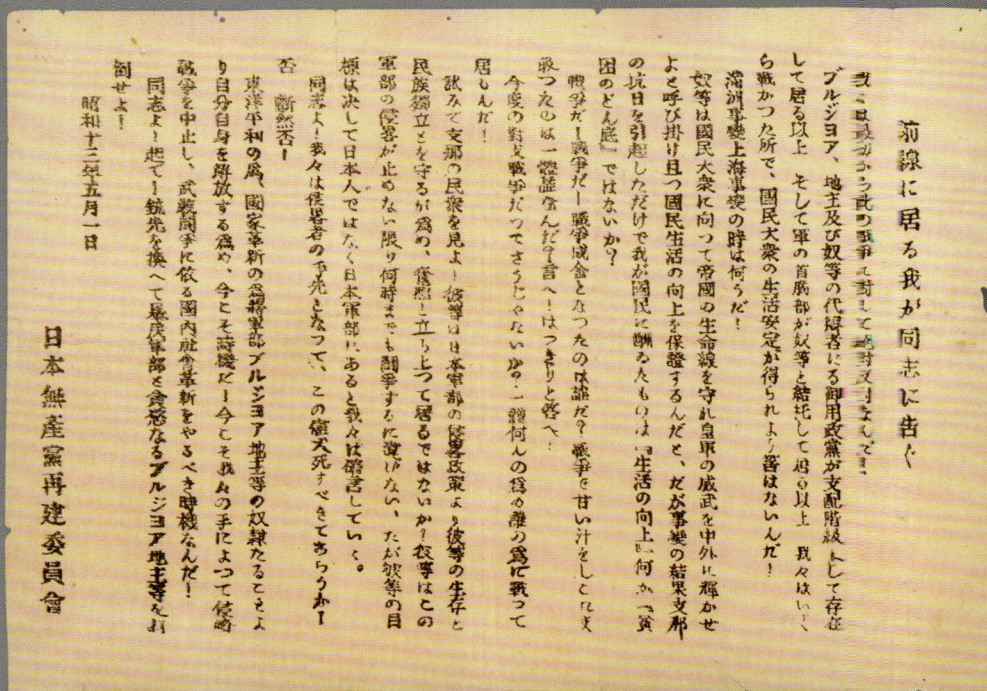

前線に居る我が同志に告ぐ

我々は最初から此の戦争に對して絶対反対なんだ！
ブルジョア、地主及び奴等の代弁者たる御用政黨が支配階級として存在して居る以上 そして軍の首脳部が奴等と結托して居る以上 我々はいくら戦かつた所で、國民大衆の生活安定が得られよう筈はないんだ！
満洲事變上海事變の時は何うだ！
奴等は國民大衆に向って帝國の生命線を守れ皇軍の威武を中外に輝かせよと呼び掛け且つ國民生活の向上を保證するんだと、だが事變の結果支那の抗日を引起しただけで我が國民に酬ゐたものは『生活の向上』何か『貧困のどん底』ではないか？
戦争だ！戦争だ！戦争成金となつたのは誰だ？戦争を甘い汁をしてたくさん吸つたのは一體誰なんだって言へ！はつきりと答へ！
今度の對支戦争だつてさうじゃないか？一體何んの爲め誰の爲に戦つて居るんだ！
試みて支那の民衆を見よ！彼等は日本軍部の侵略政策より彼等の生存と民族獨立とを守るが爲め、奮然と立ち上つて居るではないか？我等はこの軍部の侵略が止めない限り何時までも闘争するに違ひない、ただ彼等の目標は決して日本人ではなく日本軍部にあると我々は確信していく。
同志よ！我々は侵略者の手先となつて、この儘犬死すべきであらうか！
否 斷然否！
東洋平和の爲、國家革新の爲、軍部ブルジョア地主等の奴隷たることより自分自身を解放する爲め、今こそ時機だ！今こそ我々の手によつて侵略戦争を中止し、武装闘争に依る國内社會革新をやるべき時機なんだ！
同志よ！起て！銃先を換へて暴戻軍部と貪慾なるブルジョア地主等を打倒せよ！

昭和十三年五月一日

日本無産黨再建委員會

淄川县“二九”区各界纪念九一八大会宣传科编辑出版《九一八专号》

1938年
山东博物馆藏

淄川县“二九”区各界纪念九一八大会宣传科于1938年9月18日编辑出版。《九一八专号》是为纪念九一八事变七周年发表的增刊，内容涉及《九一八纪念歌》《九一八纪念宣言》《告全国青年的几句话》《告我们的武装同志书》等18篇题材的纪念文章，以唤醒人民的民族危机意识和责任感。

1931年9月18日深夜，日军向中国军队驻地北大营和沈阳城发动进攻，蓄意制造九一八事变。随后进攻沈阳，侵占中国东北三省，成立了伪满洲国。九一八事变揭开了世界反法西斯战争的序幕。九一八事变后，中国人民率先以武装斗争反对日本法西斯的武装侵略。中国共产党率先高举武装抗日的旗帜，抗日救亡运动在全国迅速兴起。山东党组织领导发动济南、青岛、曲阜等地学生参加请愿活动，要求抗日、实行民主。

九一八专号

第九期
一九三八、九、一八
第八路軍山東游擊第三支隊第十團政宣科印

目錄

1 編前
2 「九一八」紀念歌……人風詞 C.T.C.譜
3 「九一八」小史……百川
4 回憶「九一八」前夜
5 「九一八」七週年紀念宣言……天行
6 日人侵華[illegible]嗎?
7 七年來的回顧
8 「九一八」七週年……存
9 九一八燃起了中華民族解放的火把
10 「九一八」告各村動員委員會函書……文
11 雜感(二)(三)……百川
人的几句話……武
12 老百姓往何處去
13 紀念「九一八」告全國青年的几句話
14 血眼(漫画)……小十
15 向知識分子貢献一点意見……曉帆
16 告我們的武裝同志書
17 花是怎樣開的……楊稼生
18 想起了「九一八」
19 時事一週
20 編後

淄博矿区职工抗日联合会会旗

抗日战争时期
淄博煤矿博物馆藏

1938年5月，徐州失守后，中国共产党帮助建立的统战性合法组织——国民党第五战区职工抗日救国联合会（简称五战区工会），由徐州迁入淄博矿区佛村重建。同时，在中共淄博矿区工委的领导下成立淄博矿区职工抗日联合会，先后由蒲文泉、陈然、孙有德、梁振环任主任。是年秋，矿区工会设邹家庄、寨里、泉子、徐家庄、车家庄、东工厂、大奎庄、白沙、尚庄、大昆仑、大穹桥等15个分会，会员5000余人，还建立了淄川县二、九区和八区工会。11月，五战区工会迁往沂水南庄，在淄博设立了办事处，由孙学之、蒲文泉任正副主任。

在矿区工委领导下，矿区武装和工会组织以淄川东部和博山东南部山区为依托，以胶济铁路、张博铁路和敌占矿井为重点，在山东人民抗日救国军第五军配合下，采取灵活机动的战略战术，掀路轨、炸火车、搞破袭、拔据点、割电线，神出鬼没地打击敌人。淄博矿工的抗日斗争事迹曾受到八路军山东纵队政委黎玉和山东省各界救国联合总会会长霍士廉的赞扬。

淄博章矿区职工抗日联合会印章

抗日战争时期
淄博煤矿博物馆藏

木质印章，是抗日战争时期淄博章矿区职工抗日联合会印章。1938年春在淄川矿区周围村庄，由矿区工委负责人张天民、孙学之组织领导的工会分会成立。同年5月在淄川县寨里村外墓田里，又领导成立淄博章（邱）矿区职工抗日联合会。会上提出了“在武装掩护下发展职工会，在职工会基础上发展工人武装”的工作方针。不久，发展到15个分会，会员5000余人。

淄博区矿业产业工会第一分会维持队袖标

抗日战争时期
淄博煤矿博物馆藏

抗日战争时期淄博区矿业产业工会第一分会维持队袖标。1937年10月，中共中央发出《关于开展全国救亡运动的指示草案》，指出“共产党不应该拒绝去参加国民党所包办的、有群众的、抗敌后委员会”，并提出要利用一切可能与机会“独立自主地组织各种群众的救亡团体，发展各方面的救亡运动”。为此，矿区党组织在组织抗日武装的同时，又积极地领导和组织了淄博煤矿工人的抗日救亡运动。

1938年初，矿区党组织根据淄博矿区城乡交错、矿工和农民联系密切的特点，采取“组织发动在农村，对敌斗争在矿区”的方针，大力开展职工运动。抽调部分党员为核心，以大革命时期的一批工会积极分子为骨干，发展工会会员，成立工人组织。首先在邹家庄成立了“淄博矿区工会第一分会”，在寨里成立第二分会，在徐家庄、大张庄、峨庄三个村成立第三分会。至1938年夏，在淄川矿区周围73个村，“发动5000多名工人，成立了15个分会”，每个分会有会员400—500人，有自卫武装（工人自卫队）30—40人。拥有的武器除部分钢枪外，多是土枪土炮。工会工作的重点是根据党的“应以游击战争为唯一方向”的指示，动员工人参军参战，配合八路军游击队开展游击战争。

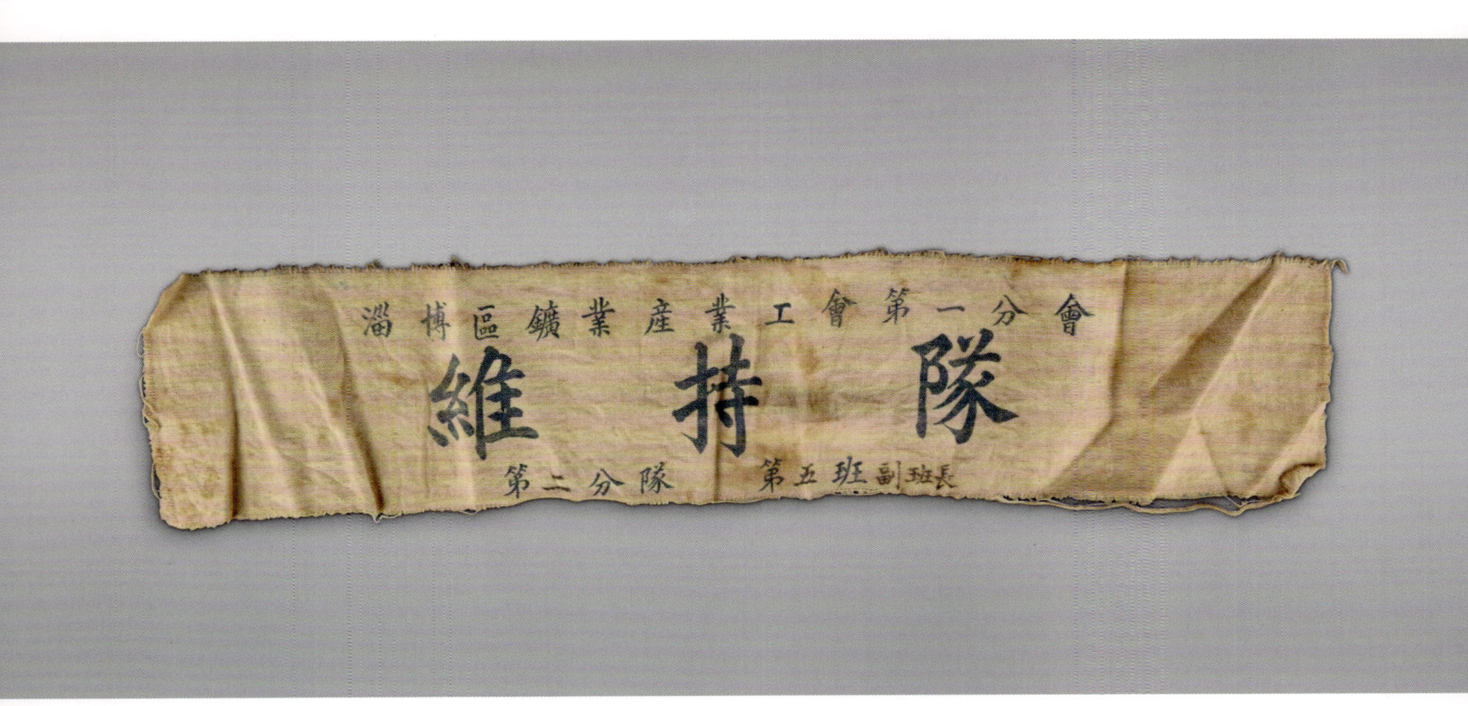

钢铁武装 游击震天

1937年，全面抗战爆发后，中共山东省委结合山东的实际情况制定了发动抗日武装起义的十大纲领，研究制定了分区发动抗日武装起义的计划，按东西南北中将山东划分为十多个地区，在冀鲁边、鲁西北、胶东、鲁中、泰西、鲁东、鲁东南、鲁西南等地建立支队。为加强对抗日武装起义的领导，中共中央和北方局应山东省委的请求，抽调洪涛、廖容标、韩明柱、赵杰、程绪润、周凯东、郭盛云、廖云山8名红军干部来山东工作。省委将他们分别派到鲁西北、冀鲁边、鲁中、鲁东地区，作为领导武装起义的军事骨干。

自1937年7月到1938年6月，中共山东党组织成功地发动领导了大大小小数十起抗日武装起义。大批共产党员参加起义部队，对部队的巩固壮大起了很大作用。党领导抗日武装，为创建以一省区为主体战略区的抗日根据地打下了坚实的基础。

八路军山东纵队指挥张经武

八路军山东纵队政委黎玉

油画《徂徕山抗日武装起义》（山东博物馆藏）

八路军山东纵队指挥张经武、政委黎玉发出八路军山东纵队通令

1939年
山东博物馆藏

1939年6月7日上午11时，八路军山东纵队指挥张经武、政委黎玉发出的通令。因六月份军队口令在作战中遗失，故将已编印的七月份口令暂改为六月份口令使用，并强调口令在军事上极为重要，须由各部队专人保管分发。

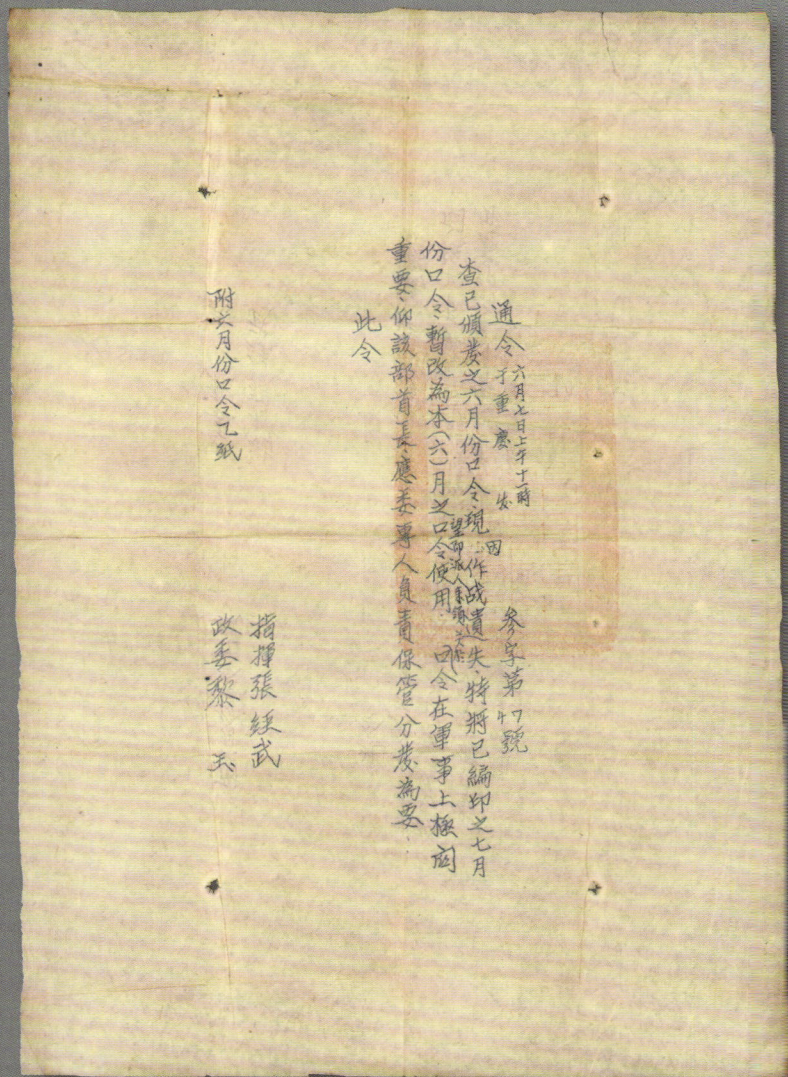

通令 六月七日上午十一時于重慶发　参字第47號

查已頒发之六月份口令，現因作战遺失，特將已編印之七月份口令暫改為本(六)月之口令使用，口令在軍事上極為重要，仰該部首長應委專人負責保管分发為要。

此令

附六月份口令乙紙

指揮 張經武
政委 黎玉

八路军山东纵队第五支队政治部印《关于统战工作的决定》

抗日战争时期
山东博物馆藏

八路军山东纵队第五支队政治部编印。该决定根据中共中央有关“积极加紧统一战线工作”的批示制定，号召“要紧握着统一战线，紧握着统战的武器，来战胜投降派、亲日派，战胜内战挑拨者，战胜日本帝国主义。要求全党全军一致动员起来齐作统战工作，以实际行动来实现党中央及军政委的号召”。

1937年12月24日，在中共胶东特委领导下，以昆嵛山游击队为骨干，在文登县东郊的天福山举行抗日武装起义。起义武装组成了山东人民抗日救国

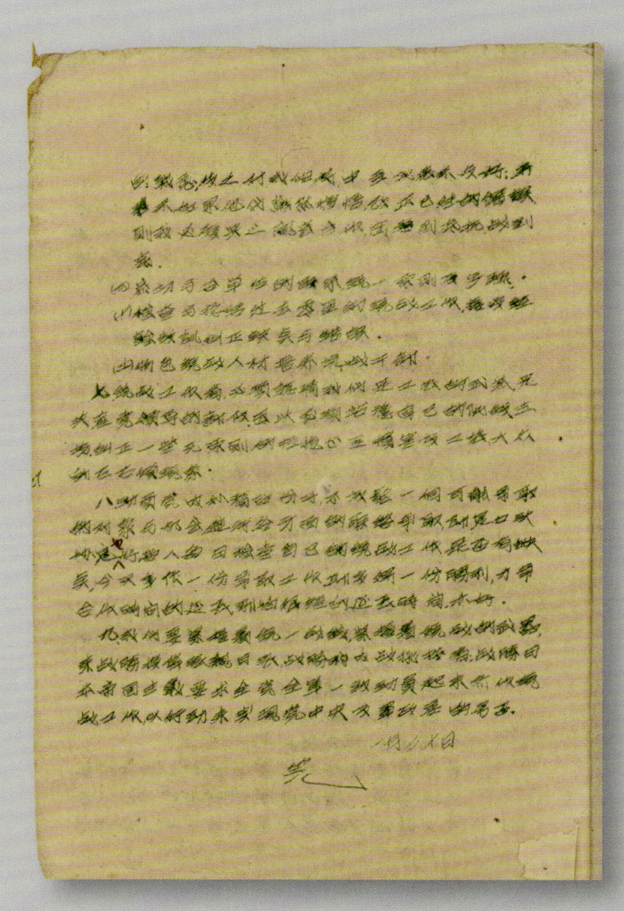

军第三军（下称第三军）。1938年8月，第三军与胶东抗日游击第三支队合编，仍用第三军番号。1938年9月18日，第三军在掖县召开九一八纪念大会，改编为八路军山东人民抗日游击第五支队。自此，党领导的胶东地方抗日武装正式编入八路军序列，胶东八路军的建设开始走上正规化道路。1938年12月，八路军山东纵队成立，八路军山东人民抗日游击第五支队改编为八路军山东纵队第五支队。1940年9月，山东纵队进行第四次整编，八路军山东纵队第五支队改编为第五旅，吴克华任旅长，高锦纯任政委兼政治部主任，赵一萍任参谋长，五旅下辖3个团：十三团团长李绍桥，政委苏晓风；十四团团长于得水，政委雨晴；十五团团长梁海波，政委李丙令。

山东纵队政委黎玉与山东纵队第五支队部分机关干部合影（前排左起第5人为黎玉）

八路军山东纵队第五支队战士制造的铁刀

1939年
烟台市博物馆藏

此为1939年八路军山东纵队第五支队战士制造的铁刀。近圆形环首，山字形格，长柄，尖刃。

八路军山东纵队沂蒙工作团供给处图章

抗日战争时期
山东博物馆藏

八路军山东纵队沂蒙工作团供给处的图章，木质，印面阳刻。八路军山东纵队设置供给处，为军队所需提供后勤保障。八路军山东纵队是以共产党员为骨干、以山东各地人民抗日起义武装为基础组建而成的，从诞生之日起就与日本侵略者展开了英勇斗争，在山东开辟了敌后抗日根据地和广大抗日游击区，并在战斗中不断成长壮大，成为驰骋山东抗日战场的一支主力军。八路军第一一五师入鲁后，山东纵队与之并肩作战、协同配合，继承发扬老红军的革命传统，经过三次整军，逐步发展壮大，成为坚持敌后抗战的一支英勇顽强的武装力量，为山东乃至全国抗日战争的胜利立下了不朽的功勋。

山东纵队宣布成立和办公所在地旧址（今山东省临沂市沂水县王庄天主教堂）

八路军山东纵队第四支队使用的铁刺锥

抗日战争时期
淄博市博物馆藏

铁质刺锥，全面抗战初期博山池上郝峪村八路军兵工厂自制刺锥，供应给八路军山东纵队第四支队使用。1979年5月，博山图书馆王延恕征集，池上公社刘同新捐献给淄博市博物馆收藏。

1938年1月，山东省委在泰安发动徂徕山起义，组建了八路军山东游击第四支队，后编为八路军山东纵队第四支队。1941年4月，四支队组建山东纵队第四旅，四支队番号撤销。在3年多的时间里，四支队在山东鲁中、鲁南地区与日、伪顽强作战，同敌人展开了英勇斗争。

陆军新编第四军司令部证章

1938年
黄岛烈士陵园纪念馆藏

1938年新四军司令部颁发的证章，纯铜铸造，圆形，中部为青天白日图案和“证章”字样，外侧印有“陆军新编第四军司令部”“民国二十七年度用”字样。

1937年10月，根据国共两党达成的协议，南方八省的红军游击队改编为国民革命军陆军新编第四军，简称新四军，下辖四个支队，全军共1万余人。叶挺任军长，项英任副军长。新四军坚持在华中地区抗战，不断重创日、伪军，还先后创建了苏中、淮南、苏北、淮北、浙东等八个抗日根据地。抗战结束后，按照党中央定下的“向北发展，向南防御”战略方针和统一部署，从1945年底到1946年初，山东部队主力奔赴东北，新四军主力相继北上，我军基本上完成了“向北发展，向南防御”的战略转移。

1946年1月，开赴山东的新四军和留在当地的八路军，组成山东野战军，陈毅任司令员。同期，粟裕将留在江南的王必成、陶勇所部与地方部队，合并组成了4个野战纵队，即华中野战军。山野与华野主力源出一系，中央也很重视两者协同行动、联合作战。1947年初，山东野战军与华中野战军合编为华东野战军（1949年1月15日，改称第三野战军）。这支大军从江南江北，再到山东，相继取得了鲁南战役、莱芜战役、孟良崮战役等胜利，在齐鲁大地立下赫赫战功。同时三野进军豫皖苏，挺进中原，驰骋于江河淮汉之间。1948年之后回师山东，取得济南战役胜利，并发起了淮海战役和渡江战役，为中国人民的解放事业作出了巨大贡献。

1940 年 9 月组建的八路军山东纵队第三旅，其前身是八路军山东人民抗日游击第三支队。1940 年秋，八路军山东纵队第三支队政治部在博兴县马庄创办。初创时只有石印机一台，职工数人。至解放战争中期，石印机、铅印机达到十多台，职工增至一百多人。

随着山东抗日根据地的扩大，山东党组织日益重视新闻出版工作，提出切实要求，报刊发行和图书出版事业获得较快发展。1941 年初，山东省战时工作推行委员会根据中共中央关于在“较大的根据地应建立一个完善的印刷厂，要力求完善和扩大，要把一个印刷厂的建设组织，视作一万个军队”的指示精神，作出了山东根据地扩大印刷事业的规划：每个行政区至少有一个铅印厂，每个专员区至少有一个石印厂，使它的产量能够供给本区域的教材；建立造纸厂、油墨、墨水等文化事业工厂，要尽力做到纸张、油墨自给自足。

国民革命军第十八集团军山纵三旅政治部曙光社出版《战士生活》（创刊号）

1941年
山东博物馆藏

《战士生活》（创刊号）由国民革命军第十八集团军山纵三旅政治部曙光社1941年7月1日出版。封面印有“创造铁的模范青年党军”，内有宣传整军任务的快板，“整军任务记在心，坚持建设扩大爱护根据地，创造铁的模范青年党军”。

八路军山东纵队政治部印《前卫报（号外）》

1941年
沂水县博物馆藏

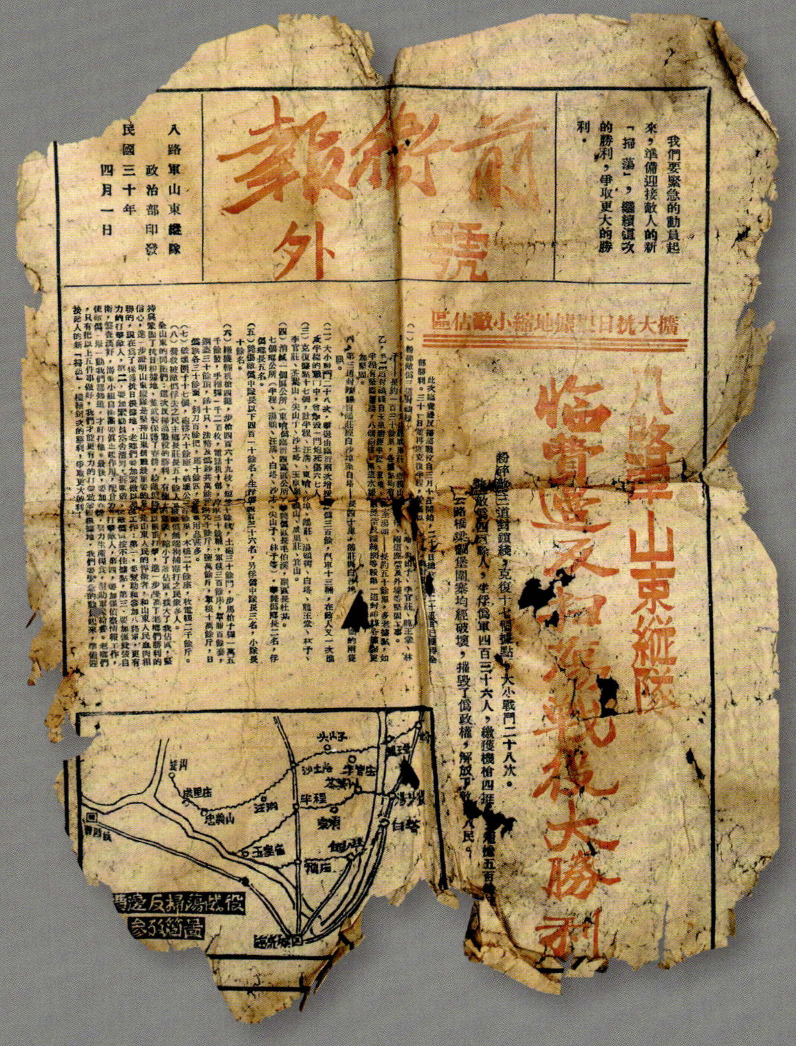

前衛報
號外

八路軍山東縱隊政治部印發
民國三十年四月一日

我們要緊急的動員起來，準備迎接敵人的新「掃蕩」，繼續這次的勝利，爭取更大的勝利。

擴大抗日根據地縮小敵佔區

八路軍山東縱隊
臨費邊反掃蕩戰役大勝利

臨費邊反掃蕩戰役參考簡圖

《前卫报（号外）》出版于1941年4月1日，刊登1941年3月八路军山东纵队临费边反“扫荡”战役大胜利的战果，以及临费边反“扫荡”战役参考简图，动员军民准备迎接敌人的新“扫荡”，继续这次的胜利，争取更大的胜利。

1940年11月7日，根据中共山东分局书记、八路军第一纵队政委朱瑞的提议，山东纵队决定由政治部创办《前卫报》作为纵队军政委员会的机关报，在今沂南县孙祖村创刊。刘子超撰写发刊词，山纵政治部宣传科科长于平为编辑主任，版面为4开4版，铅印，周二刊。读者对象主要是战士，兼顾排、连级干部，发行到山东境内八路军部队排级。报纸的主要任务是：宣传党的战略方针和纵队司令部、政治部的命令和指示，报道部队作战、训练、连队建设、支部生活以及对敌斗争和群众工作等。报纸的发行由部队负责，建立军邮发行。

1942年8月，山东纵队建制撤销，改建为山东军区。《前卫报》划归鲁中军区政治部，作为其机关报继续出版。1948年7月，鲁中军区与鲁南军区合并，成立鲁中南军区。两军区政治部机关报《前卫报》《前进报》合并，仍以《前卫报》为名，成为鲁中南军区政治部机关报。1952年6月，鲁中南军区奉命撤销，《前卫报》随之停刊。

张百川

1913—1991

原名清海，字百川，山东莒县人。1932 年 11 月加入中国共产党，入党后在本村先后办夜校、小学，发展党员数十名。1937 年七七事变后，张百川组织成立聚宝乡抗敌自卫团。1938 年 3 月该自卫团被编入八路军山东人民抗日游击第四支队第六大队。6 月张百川到山东抗日军政干部学校军事队学习，8 月干校毕业后被任命为莒县独立营营长。10 月，独立营编入八路军山东人民抗日游击第二支队二营，张百川历任二营五连连长、二营六连副连长、二团特务中队指导员等职务。1941 年 1 月，张百川到抗大一分校学习。8 月毕业后任山东纵队青年团五中队队长，从事扩军工作。1942 年 9 月山东纵队青年大队成立，任大队长。1943 年 8 月莒南县武委会成立，任武委会副主任，1944 年改任主任。1947 年 10 月任临沭县总团团长。1948 年任滨海补充团副团长。1949 年 4 月任莒县独立团团长，后调任滨海专署民运科科长，10 月奉令去南京参与军事接管工作，后被分配到镇江农机学院工作。

张百川使用过的搪瓷茶缸

1919—1949年
临沂市博物馆藏

搪瓷质地，敞口弯柄，外层釉面蓝色、内层釉面白色。该茶缸由滨海军区后勤部发放，为张百川在沂蒙地区工作时所用。

张百川使用过的文件皮包

1919—1949年
临沂市博物馆藏

斜挎文件包，牛皮材质，上翻盖设计，内有两层夹层，最外层有插笔处，部分背带缺失，为张百川在沂蒙地区生活、战斗期间所用。

一一五师三四三旅鲁西抗日游击军区司令部翻印《关于干部野外演习之指导法》

1940年
山东博物馆藏

1940年一一五师三四三旅鲁西抗日游击军区司令部翻印《关于干部野外演习之指导法》，刊载记录关于干部课外演习之指导、野外战斗指挥的方法、战役战斗指导要领以及防毒常识等提高抗日武装游击作战能力的文章。

全面抗战爆发后，山东党组织担负起抗日救亡的历史重任，发起遍及全省的抗日武装起义，建立土生土长的抗日游击兵团——八路军山东纵队。中共要在山东独立自主地承担起抗战的责任，建立巩固的根据地，迫切需要一支主力部队作为骨干。八路军一一五师主力入鲁作战后，山东纵队在鲁中、鲁东南、清河、胶东等地广泛开展游击战争。其中，比较著名的战斗有小山战斗、鲁中反“扫荡”、五井战斗、孙祖战斗、杨家横战斗、刘家井战斗、魏家堡战斗等，粉碎了日、伪军的多次“扫荡”，创建了鲁南、湖西、鲁西等抗日根据地，打开了山东抗战的新局面。八路军主力进入山东后，在贯彻中共中央军委对于抗日战争的路线、方针、政策上，在逐渐实现对山东抗日武装的统一领导和指挥上，在抗日武装斗争的指导上，在军队建设上，都取得了许多成就，在整个抗日战争中，胜利完成了具有历史意义的战略任务。

1938年12月，陈光、罗荣桓率领一一五师师部及三四三旅主力由晋西出发，于1939年3月进入鲁西。这是一一五师一部在挺进山东途中。

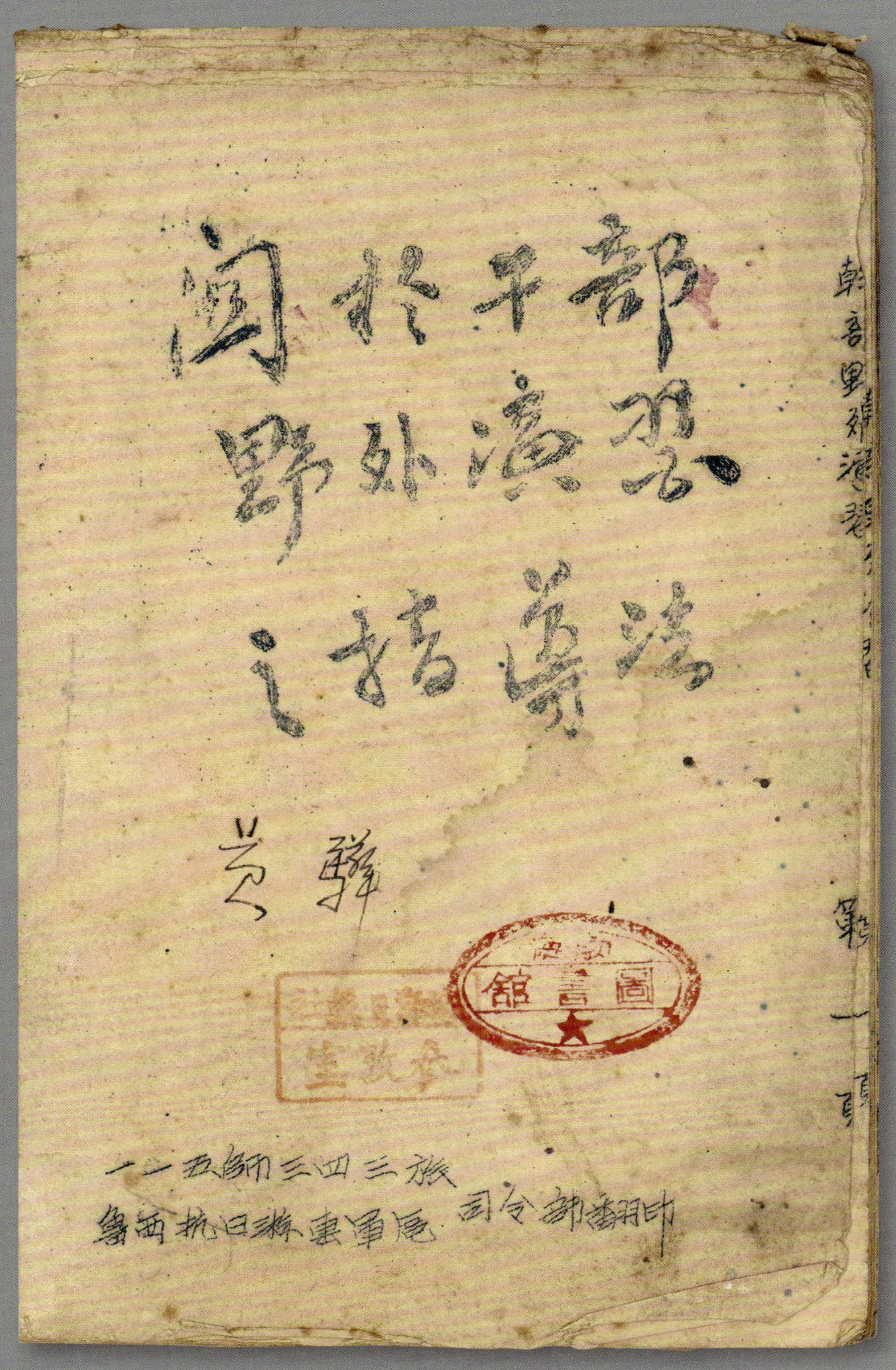
一一五师三四三旅
鲁西抗日游击军区司令部翻印

国民革命军第十八集团军政治部编印《国民革命军第十八集团军（第八路军）政治工作条例（草案）》

1940年

莱州市博物馆藏

国民革命军第十八集团军政治部编印，八路军山东胶东军区政治部1940年6月翻印，胶东新华书店出版，共37页。

中国共产党在革命武装中的政治工作是我军的生命线。我军从初创时期起，制定、修订了多部政治工作条例，是我军政治工作的基本法规和依据。政治工作条例明确规定了政治委员的职责。1930年，中国共产党中央委员会第一次颁发《中国工农红军政治工作暂行条例草案》，这是人民军队历史上第一个政工条例。经中央军委批准，八路军（第十八集团军）总部于1938年颁发了《国民革命军第十八集团军政治工作暂行条例（草案）》，把“政治工作是革命军队中的生命线”首次写入我军政治工作条例。1940年八路军山东胶东军区政治部翻印的《国民革命军第十八集团军（第八路军）政治工作条例（草案）》，规定政治委员是中国共产党在军队中的全权代表，是执行党在军队中的政治路线及纪律的完全负责者；有权执行革命法律，有过问军队的一切工作与一切行动的权力；如果与同级军事指挥员有争执时，除属于作战方面的行动由军事指挥员决定外，其他由政治委员作最后决定，但均须同时报告上级军政首长。

1944年，胶东军区政治委员林浩在纪念“七一”大会上讲话。

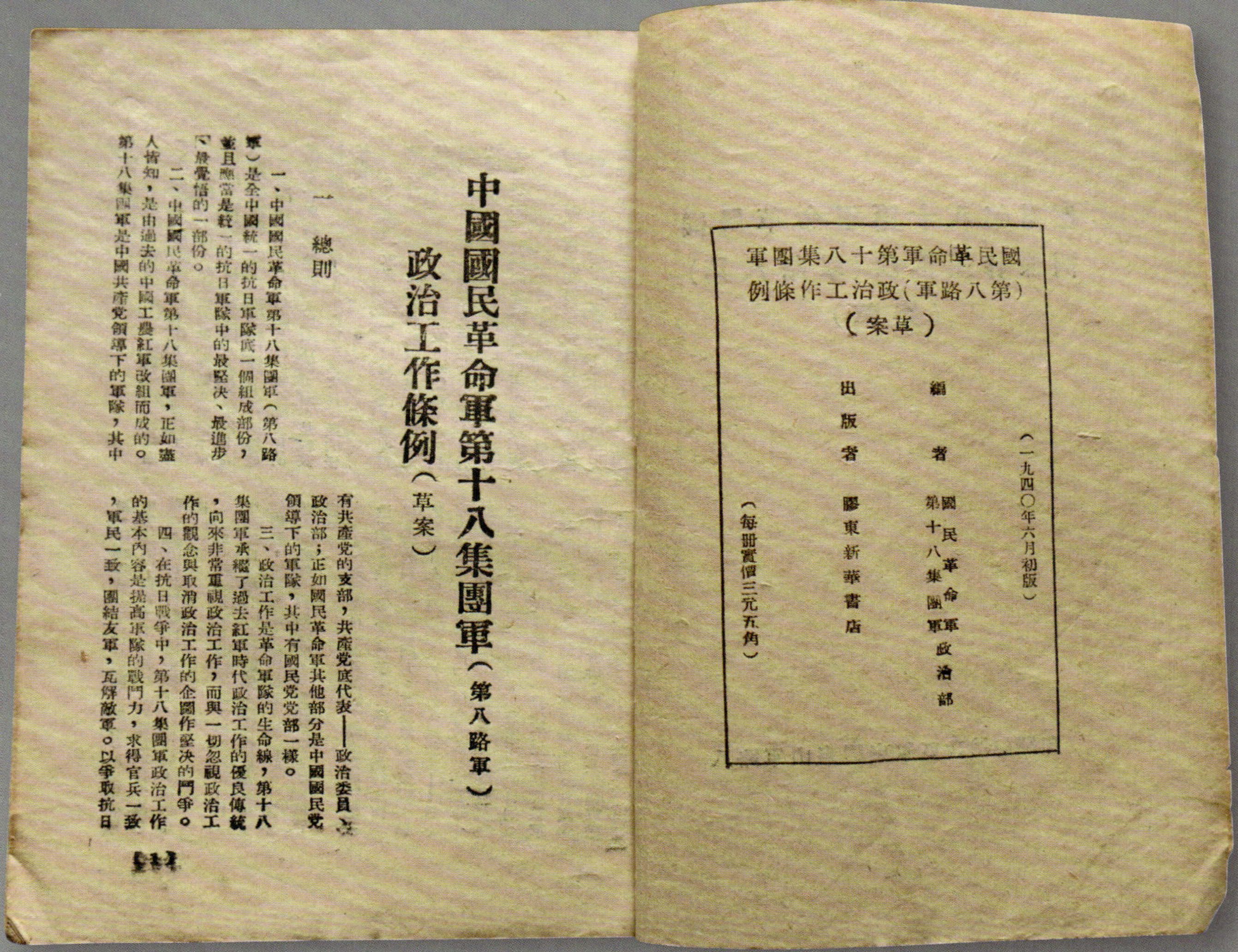

國民革命軍第十八集團軍
（第八路軍）政治工作條例
（草案）

（一九四〇年六月初版）

編者 國民革命軍第十八集團軍政治部

出版者 膠東新華書店

（每冊實價三元五角）

中國國民革命軍第十八集團軍（第八路軍）政治工作條例（草案）

一 總則

一、中國國民革命軍第十八集團軍（第八路軍）是全中國統一的抗日軍隊底一個組成部份，並且應當是統一的抗日軍隊中的最堅決、最進步、最覺悟的一部份。

二、中國國民革命軍第十八集團軍，正如盡人皆知，是由過去的中國工農紅軍改組而成的。第十八集團軍是中國共產党領導下的軍隊，其中有共產党的支部，共產党底代表——政治委員，政治部；正如國民革命軍其他部分是中國國民党領導下的軍隊，其中有國民党党部一樣。

三、政治工作是革命軍隊的生命線，第十八集團軍承繼了過去紅軍時代政治工作的優良傳統，向來非常重視政治工作，而與一切忽視政治工作的觀念與取消政治工作的企圖作堅決的鬥爭。

四、在抗日戰爭中，第十八集團軍政治工作的基本內容是提高軍隊的戰鬥力，求得官兵一致，軍民一致，團結友軍，瓦解敵軍。以爭取抗日

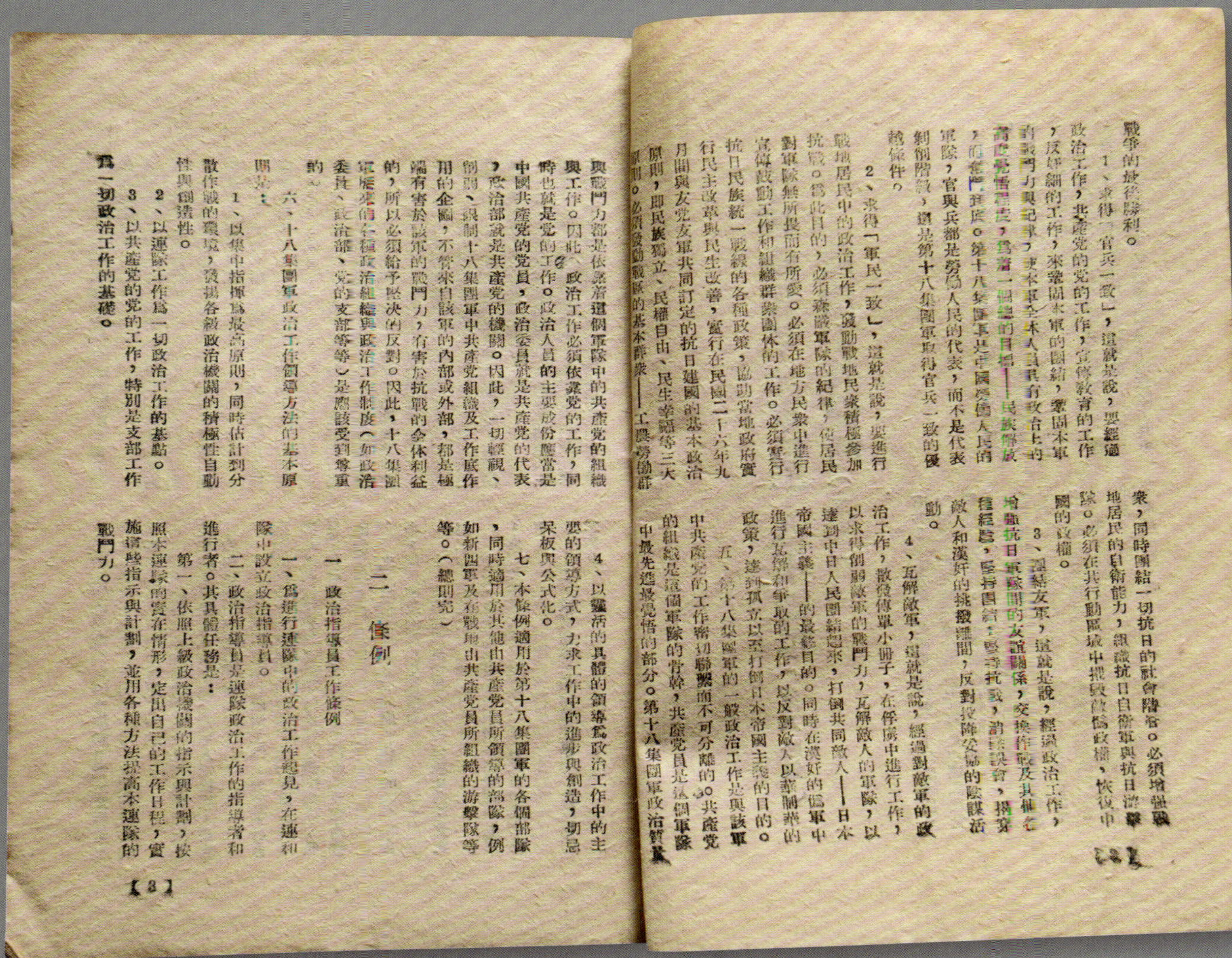

戰爭的最後勝利。

1、求得「官兵一致」，這就是說，要經過政治工作，共產党的党的工作，宣傳教育的工作，反奸細的工作，來鞏固本軍的團結，鞏固本軍的戰鬥力與紀律，使本軍全体人員有政治上的高度覺悟程度，爲着一個總的目標——民族解放，而奮鬥到底。第十八集團軍是中國勞働人民的軍隊，官與兵都是勞働人民的代表，而不是代表剝削階級，這是第十八集團軍取得官兵一致的優越條件。

2、求得「軍民一致」，這就是說，要進行戰地居民中的政治工作，發動戰地民衆積極參加抗戰。爲此目的，必須森嚴軍隊的紀律，使居民對軍隊無所畏而有所愛。必須在地方民衆中進行宣傳鼓動工作和組織群衆團体的工作。必須實行抗日民族統一戰線的各種政策，協助當地政府實行民主改革與民生改善，實行在民國二十六年九月間與友党友軍共同訂定的抗日建國的基本政治原則，即民族獨立、民權自由、民生幸福等三大原則。必須發動戰區的基本群衆——工農勞働群衆，同時團結一切抗日的社會階層。必須增強戰地居民的自衛能力，組織抗日自衛軍與抗日游擊隊。必須在其行動區域中推翻敵僞政權，恢復中國的政權。

3、團結友軍，這就是說，經過政治工作，增強抗日軍隊間的友誼關係，交換作戰及其他各種經驗，堅持團結，堅持抗戰，消除誤會，揭穿敵人和漢奸的挑撥離間，反對投降妥協的陰謀活動。

4、瓦解敵軍，這就是說，經過對敵軍的政治工作，散發傳單小冊子，在俘虜中進行工作，以求得削弱敵軍的戰鬥力，瓦解敵人的軍隊，以達到中日人民團結起來，打倒共同敵人——日本帝國主義——的最終目的。同時在漢奸的僞軍中進行瓦解和爭取的工作，以反對敵人以華制華的政策，達到孤立以至打倒日本帝國主義的目的。

五、第十八集團軍的一般政治工作是與該軍中共產党的工作密切聯繫而不可分離的。共產党的組織是這個軍隊的骨幹，共產党員是這個軍隊中最先進最覺悟的部分。第十八集團軍政治質量與戰鬥力都是依靠着這個軍隊中的共產党的組織與工作。因此，政治工作必須依靠党的工作，同時也就是党的工作。政治人員的主要成份應當是中國共產党的党員，政治委員就是共產党的代表，政治部就是共產党的機關。因此，一切輕視、削弱、限制十八集團軍中共產党組織及工作底作用的企圖，不管來自該軍的內部或外部，都是極端有害於該軍的戰鬥力，有害於抗戰的全体利益的，所以必須給予堅決的反對。因此，十八集團軍底党的各種政治組織與政治工作制度（如政治委員、政治部、党的支部等等）是應該受到尊重的。

六、十八集團軍政治工作領導方法的基本原則是：

1、以集中指揮爲最高原則，同時估計到分散作戰的環境，發揚各級政治機關的積極性自動性與創造性。

2、以連隊工作爲一切政治工作的基點。

3、以共產党的党的工作，特別是支部工作爲一切政治工作的基礎。

4、以靈活的具體的領導爲政治工作中的主要的領導方式，力求工作中的進步與創造，切忌呆板與公式化。

七、本條例適用於第十八集團軍的各個部隊，同時適用於其他由共產党員所領導的部隊，例如新四軍及在戰地由共產党員所組織的游擊隊等等。（總則完）

二 條例

一 政治指導員工作條例

一、爲進行連隊中的政治工作起見，在連和隊中設立政治指導員。

二、政治指導員是連隊政治工作的指導者和進行者。其具體任務是：

第一、依照上級政治機關的指示與計劃，按照本連隊的實在情形，定出自己的工作日程，實施這些指示與計劃，並用各種方法提高本連隊的戰鬥力。

【3】

王文

1911—1943

陕西绥德人，家境贫寒，学习非常勤奋，16 岁便考入了绥德师范。1930 年，加入中国共产党。1935 年，担任绥德县苏维埃政府主席和县委书记。1938 年春，受党中央的委派来到山东，随后到胶东担任特委书记。1938 年 12 月，王文在掖县葛城村主持召开了胶东区第一次党员代表大会，选举产生了中国共产党胶东区委员会，并担任区委书记。在胶东期间，王文以他丰富的实践经验和果断扎实的工作作风，在整编胶东武装、加强党的建设、开辟抗日根据地等方面作出了突出的贡献。1942 年冬，早年患有胃病的王文又染上了肺病，1943 年病情恶化，病逝于乳山，年仅 32 岁。

胶东区委书记王文的报告

1939年
乳山市文物保护中心藏

刻版印刷，共44页。讲话稿为胶东区委书记王文于1939年4月30日在胶东共产党各特委县委书记与八路军五支队党代表第三次联席会上所作的报告，报告题目为《我们要为继续坚持胶东的游击战争而奋斗》。报告主要围绕胶东抗战形势的发展及坚持游击战争所得到的经验与教训、如何粉碎敌人对胶东的进攻、胶东共产党在坚持胶东游击战争的过程中应负的责任及应起的作用等问题来总结与讨论，对指导胶东抗战、团结各阶层、坚定抗战必胜的信念等具有重要的意义。

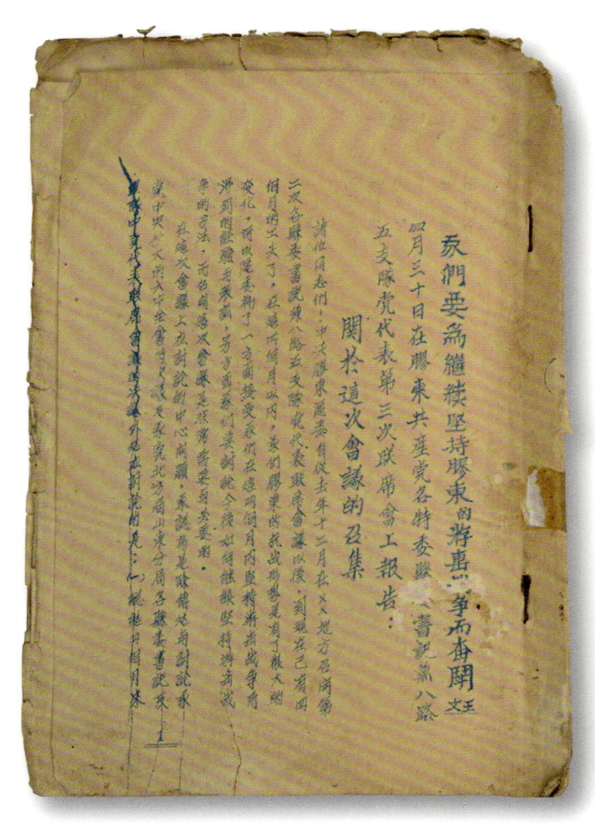

我們要爲繼續堅持膠東的游擊戰爭而奮鬥 王文

四月三十日在膠東共產党各特委縣委書記與八路五支隊党代表第三次聯席會上報告：

關於這次會議的召集

八路军某部政治部秘书科翻印、陶尚行著《抗日游击战争中各种基本政策问题》

1938年8月
山东博物馆藏

陶尚行著，八路军某部政治部秘书科于1938年8月翻印。陶尚行是刘少奇同志曾用笔名。据不完全统计，刘少奇同志在秘密战线工作时用过的名字有赵启、刘湘、陶尚行、K.V.、胡服等。全面抗战初期，为了阐明中共关于抗日战争的正确的军事路线、战略方针和作战原则，加深全党全军对抗日游击战争的伟大战略意义及其方针原则的理解，坚定全党、全军和全国人民持久抗战的胜利信心，中国共产党的一些领导人先后发表了许多文章和讲演。1937年10月16日，刘少奇同志以陶尚行为笔名，发表《抗日游击战争中各种基本政策问题》的小册子，阐述了抗日游击战争的伟大意义和战略地位，当时由解放出版社印成单行本公开发行，全文共六节。

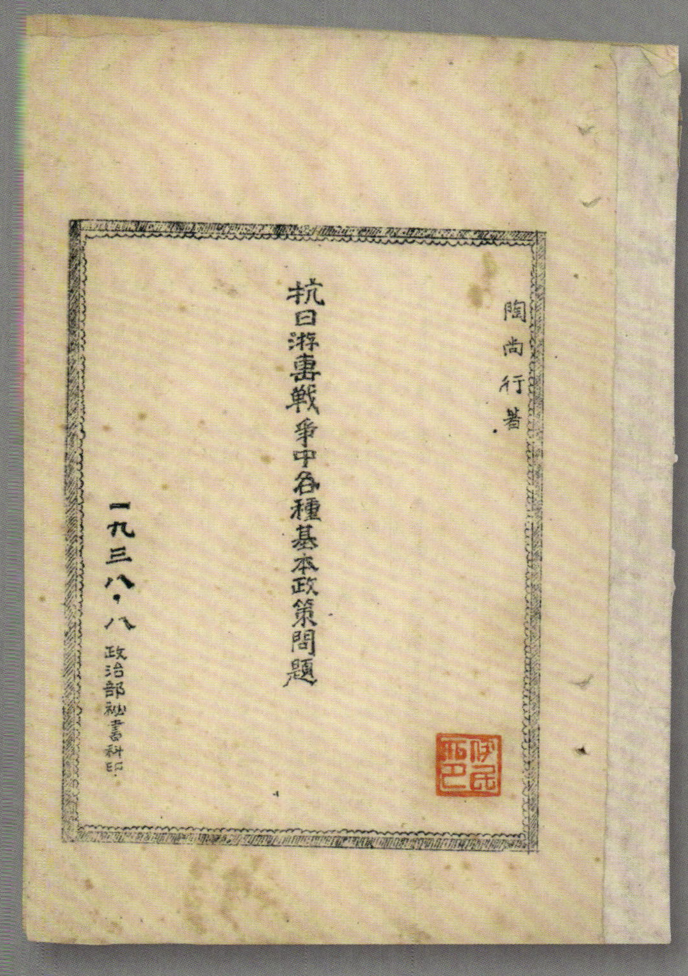
陶尚行著
抗日游擊戰爭中各種基本政策問題
一九三八·八
政治部秘書科印

《山东八路军军政杂志》（创刊号）

1939年
山东博物馆藏

创刊号刊登了朱瑞写的发刊词以及黎玉、徐向前、孙光等人撰写的军队政治工作、战术研究、战斗总结等方面的文章。

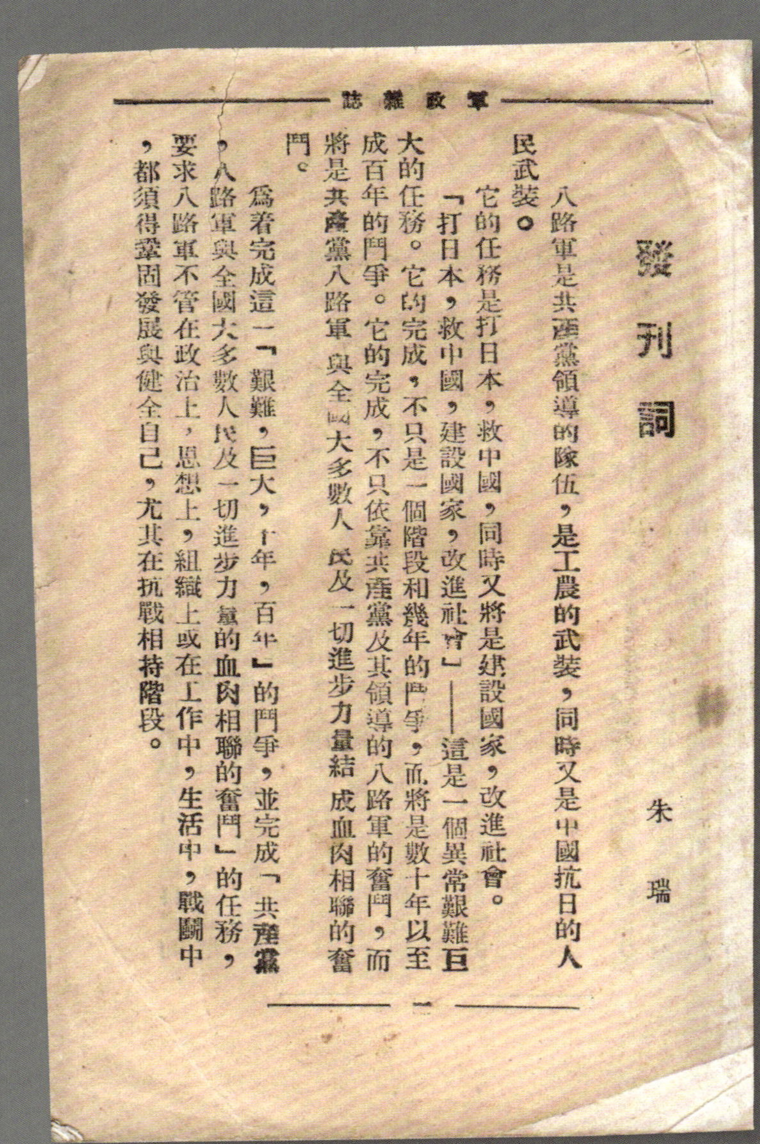

軍政雜誌

發刊詞

朱瑞

八路軍是共產黨領導的隊伍，是工農的武裝，同時又是中國抗日的人民武裝。

它的任務是打日本，救中國，同時又將是建設國家，改進社會。

「打日本，救中國，建設國家，改進社會」——這是一個異常艱難巨大的任務。它的完成，不只是一個階段和幾年的鬥爭，而將是數十年以至成百年的鬥爭。它的完成，不只依靠共產黨及其領導的八路軍的奮鬥，而將是共產黨八路軍與全國大多數人民及一切進步力量結成血肉相聯的奮鬥。

爲着完成這一「艱難，巨大，十年，百年」的鬥爭，並完成「共產黨，八路軍與全國大多數人民及一切進步力量的血肉相聯的奮鬥」的任務，要求八路軍不管在政治上，思想上，組織上或在工作中，生活中，戰鬥中，都須得鞏固發展與健全自己，尤其在抗戰相持階段。

一

国民革命军第十八集团军第一纵队政治部出版《山东八路军军政杂志》（第五期）

1941年
山东博物馆藏

1940年创刊，国民革命军第十八集团军第一纵队政治部主办。8开，铅印。设有时事评论、战地通讯、文艺通讯、人物介绍等栏目。主要刊登研究部队政治建设、军事建设及军事斗争等方面的文章，目的在于指导山东八路军更好地开展各项工作。本期刊登了黎玉《临费边反“扫荡”战役的总结》，陈光《论鲁西“扫荡”与反“扫荡”战》，萧华《在平原地对铁道破袭的经验教训》，刘浩天《略谈政治工作的创造性》，《论战时供给工作》（转载），谷广善、刘震《抗日游击战和运动战的救护工作》，陈钦《凹道（抗日沟）战术的几个基本原则》等文章。

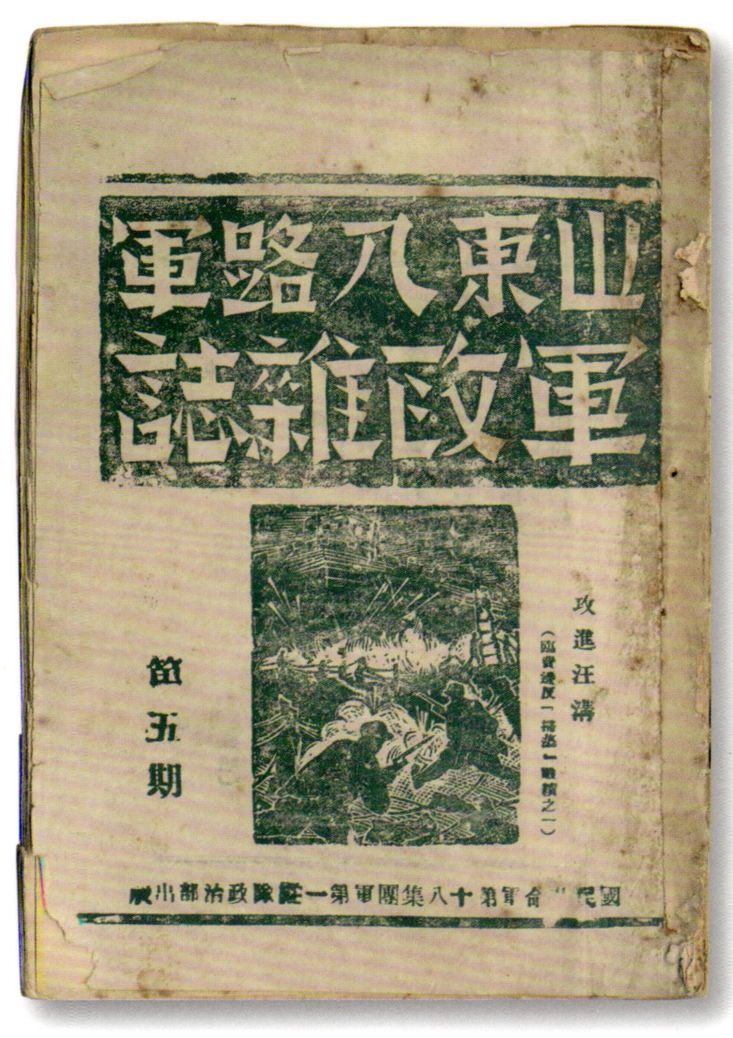

山纵清河军区政治部出版《清河军人》（第十三期）

1942年
山东博物馆藏

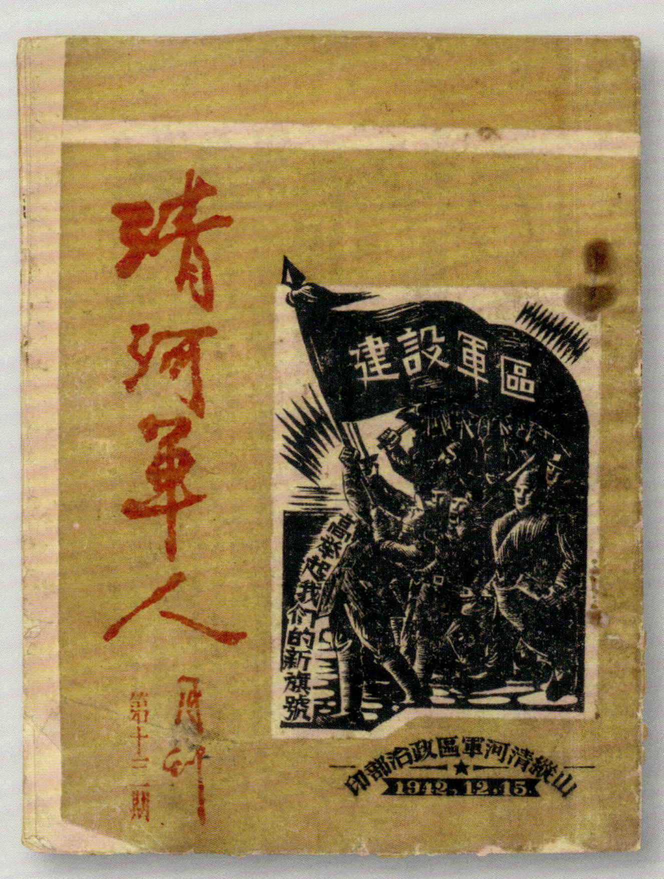

《清河军人》（第十三期）由山纵清河军区政治部于1942年12月15日出版。该刊揭露日本帝国主义所谓“中日一体协同建立大东亚”的侵略本质，奴役中国人民、灭亡中国的狼子野心，号召有思想的知识阶级和教育者抵制王揖唐之流，认清侵略者丑恶嘴脸。

清河区南部是鲁中山地，北部和东部是黄河三角洲平原。抗日战争期间，清河区党政军民在中国共产党领导下，团结一致，同仇敌忾，浴血奋战，探索出了一条立足平原地区，开展游击战争，扩大地方武装，创建敌后抗日根据地的成功之路，有力地配合与支持了山东乃至全中国的抗战，为抗日战争的最后胜利作出了巨大贡献。1944年初，根据中共中央北方局、中共山东分局和八路军山东军区的指示，清河区与冀鲁边区两区党委、军区合并，建立中共渤海区党委、八路军渤海军区。

朱则民

1911—2011

湖北黄陂人，1932年加入共青团，1934年加入中国共产党，后担任北平民先队组织部部长、河北省委军委委员。1937年9月起，历任平汉线省委军事部部长，直南特委副书记、书记，八路军第一纵队政治部民运部部长，八路军山东纵队蒙山支队政委，山东军区人武部部长，华东军区人武部部长等职。1949年9月起，历任华东财经委委员、华东合作事业管理局局长，华东供销合作社总社主任、党组书记，华东局农委主任、农村工作部副部长，中国农科院筹备组副组长、副院长兼秘书长、分党组书记，国家农委专职委员等职。政协第六届、第七届全国委员会委员。

朱则民使用过的马褡子

1919—1949年
临沂市博物馆藏

粗布质地，正面为一分为二的两个等大口袋。马褡子驮负于马背上，可以收纳文件、报纸、被褥等，宿营时将它铺在地上又可以隔潮。

主力挺进 浴血奋战

全面抗战初期，山东的人民抗日武装组建不久，武器装备落后，既缺乏战斗经验，又缺少领导干部，军事力量相对较弱，并且常常处于日军、伪军、顽军的夹击之中，对人民抗日武装的发展极为不利。1938年4月，中共山东省委书记黎玉赴延安向毛泽东汇报工作时，要求派主力团到山东。

此后，八路军第一一五师永兴支队（第五支队）、第一二九师津浦支队、萧华率领的八路军第一一五师三四三旅部分部队先后过入山东北部。八路军其他主力部队也相继到达山东。1938年12月，第一二九师师长刘伯承、政治委员邓小平率该师第三八六旅和先遣支队一部，进至冀南、鲁西北地区的南宫、威县、邱县、馆陶、冠县、朝城一带。八路军主力部队挺进山东后，在地方党政军民的配合下，在冀鲁边、湖西、泰西、鲁南积极开展游击战争，创建和发展了抗日根据地，打开了山东抗战的新局面，为山东抗战作出了重要贡献。

第一一五师主力奉中共中央军委和八路军总部命令，在陈光和罗荣桓的率领下，于 1939 年春进入山东，与山东纵队共同巩固、开辟和扩大了冀鲁边、清河、胶东、鲁中、鲁西、湖（微山湖）西、鲁南、滨海等抗日根据地。1938 年 12 月，第一一五师东进山东前，朱德亲临部队召开会议并作了重要指示。

1938年底八路军第一一五师主力部队踏上挺进山东的征程

陈光、罗荣桓签署的募捐证书

1939年8月15日
冀鲁豫边区革命纪念馆藏

纸质，1939年8月，第一一五师挺进山东期间，国民革命军第八路军东进支队司令部司令员、代师长陈光，政治委员罗荣桓签署的募捐证书。正文为“兹有肥城县第四区尚任乡南尚任姜志礼先生来捐战费，大洋壹百捌拾圆，足表爱国热诚，民族之秀，特此证明”。

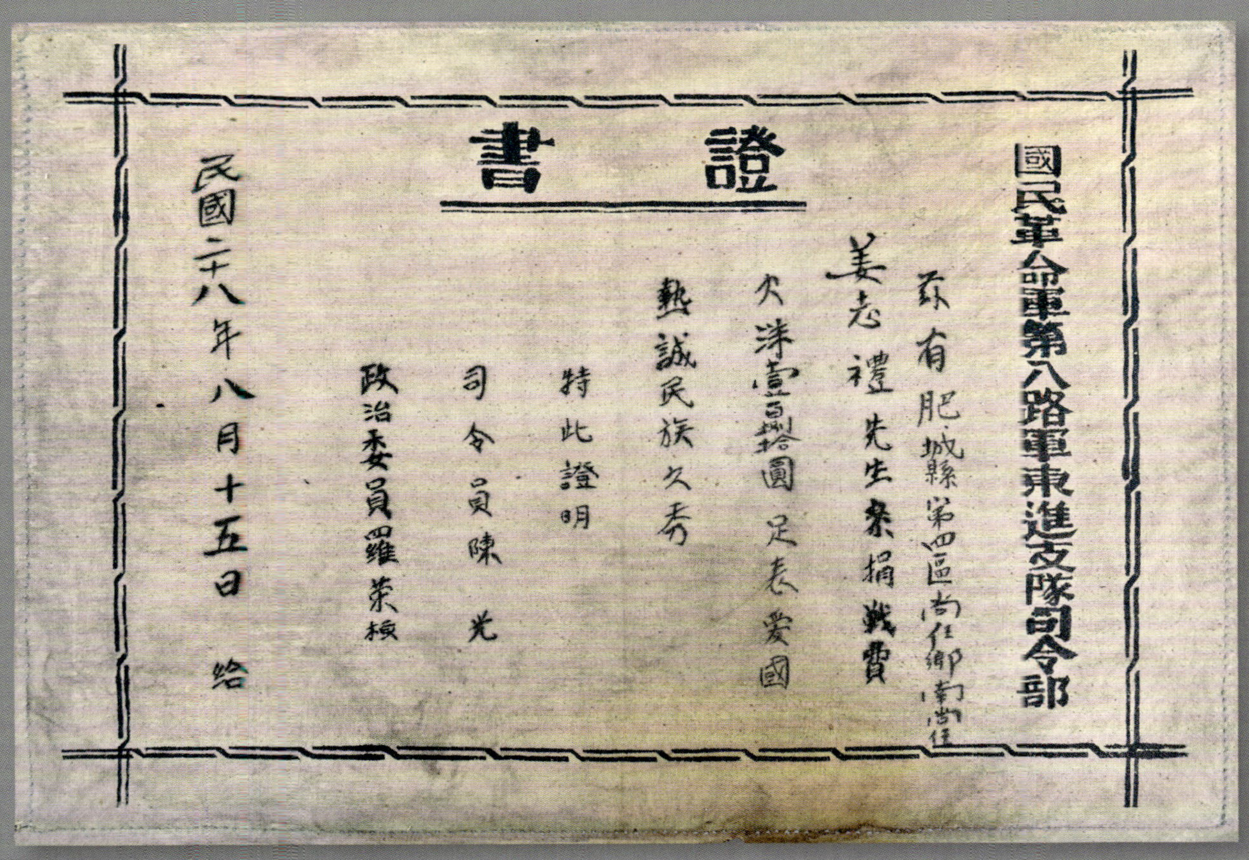

國民革命軍第八路軍東進支隊司令部

證書

茲有肥城縣第四區尚任鄉南尚任
姜志禮先生來捐戰費
大洋壹百捌拾圓足表愛國
熱誠民族之秀
特此證明
司令員陳光
政治委員羅榮桓

民國二十八年八月十五日給

陆房突围战中八路军使用的子弹箱

1939年
山东博物馆藏

陆房战斗是1939年5月，八路军第一一五师一部在山东泰安以西地区对日、伪军的突围战斗。1939年3月中旬，八路军第一一五师师部率第六八六团进入山东泰（山）西地区，同八路军津浦支队和山东纵队第六支队会合，巩固扩大了泰西抗日根据地。5月11日，第一一五师师部、鲁西地委、泰西特委、第六八六团及津浦支队等3000余

人，被日、伪军合围在陆房周围山区。第一一五师部队以猛烈炮火打退敌军数次进攻，坚守住了阵地。第六八六团英勇奋战，在全天共击退敌军9次冲击，守住肥猪山、牙山等多处制高点。在陆房地区的其他方向，津浦支队和师特务营也打退敌军多次冲击。至12日拂晓，全部突出包围圈，分别转移到东平以东无盐村、南陶城和汶河南岸，为坚持泰西根据地并开创山东抗战新局面保存了骨干力量。此次战斗，八路军第一一五师以伤亡200余人的代价，毙伤日、伪军团长以下1200余人，超过平型关大捷的歼敌人数，震动全国，蒋介石致电嘉奖，在事实上承认了第一一五师在山东的合法地位。

第一一五师参加陆房突围战斗前在山西集结的部队

1941年8月，八路军第一一五师在滨海区蛟龙湾举行八一军政大检阅。图为部队分列式。

八路军第一一五师战士使用的汉阳造步枪上的刺刀

抗日战争时期
大青山胜利突围纪念馆藏

该刺刀残存半段，长24.7厘米，罗荣桓的勤务员王汇川捐赠。抗战时期八路军第一一五师战士使用的“汉阳造”步枪上的刺刀全长51.8厘米（刀身39.5厘米），样式为单刃偏锋。

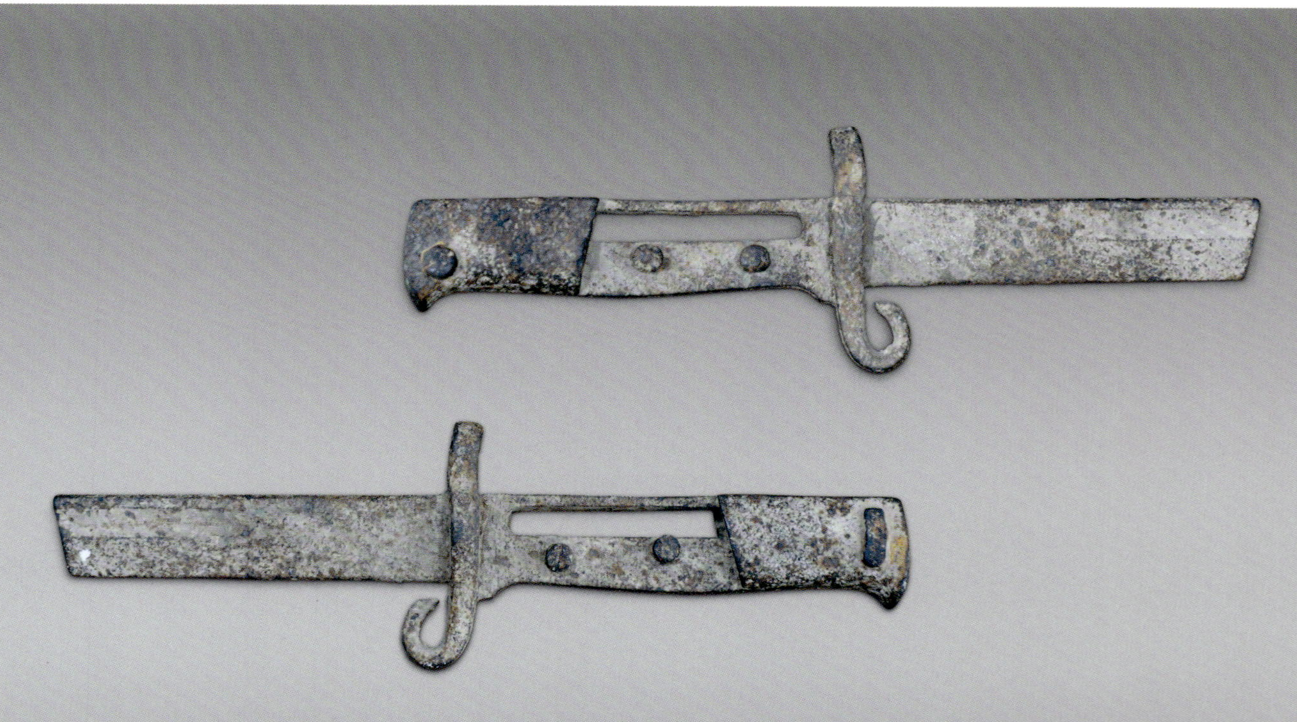

八路军第一一五师政治部出版《血战敌后的一一五师》

1942年
山东博物馆藏

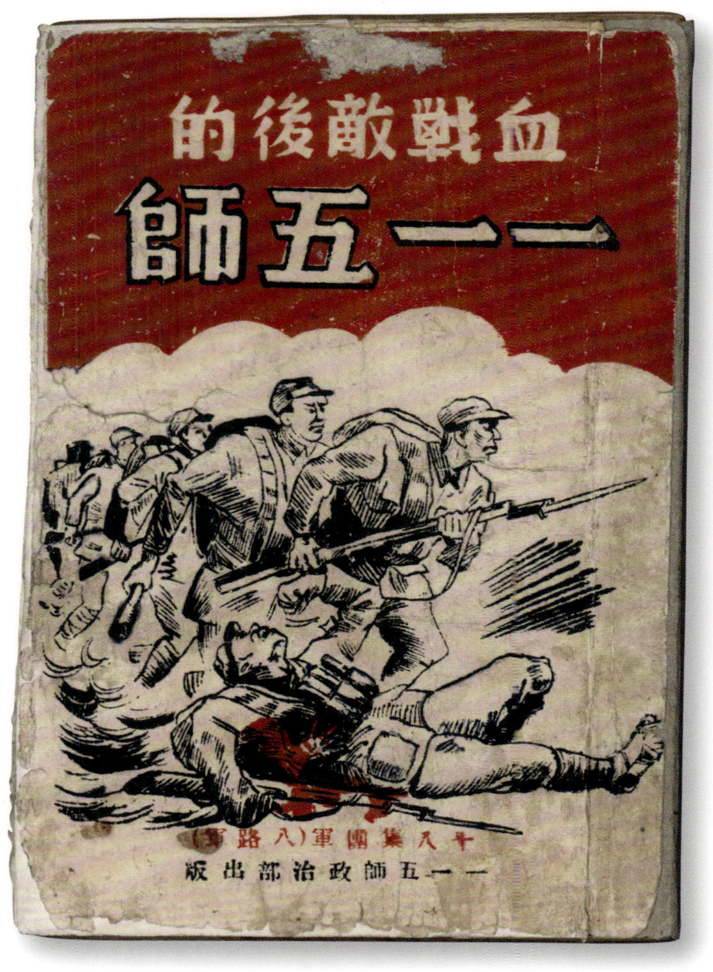

1942年由八路军第一一五师政治部出版。以战斗通讯方式回顾八路军第一一五师深入敌后，在华北、华中开展广泛游击战争的英勇战绩，充分表现八路军为国为民的忠诚气节和不屈不挠英勇斗争的光荣传统。八路军第一一五师从1937年8月至1943年春，先后在山西、察哈尔、河北、山东、江苏、河南、安徽等省抗击日军的进攻，反击日、伪军的“扫荡”“蚕食”和封锁，不断开辟、发展和巩固抗日根据地，共作战3840余次，歼灭日、伪军18.2万余人，为抗日战争胜利作出了重大贡献。

第十八集团军一一五师政治部编《战士月刊》（第三期）

1942年
沂水县中共中央山东分局旧址藏

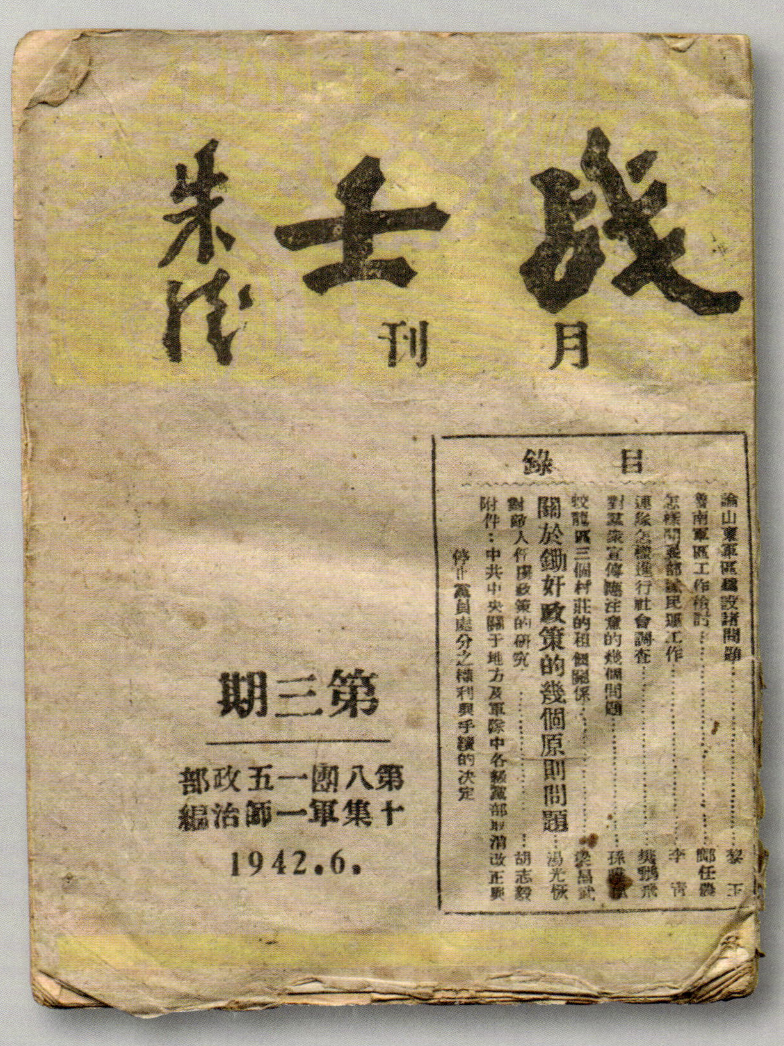
戰士月刊

朱德

第三期

第十八集團軍一一五師政治部編

1942.6.

目錄

《战士月刊》为第十八集团军一一五师政治部编，1942年4月创刊，朱德题写刊头，罗荣桓等人编辑。该月刊主要介绍中国共产党在建设根据地以及战斗中的斗争经验教训，是干部业务学习的主要材料之一，发行量极少。本期收录《论山东军区建设诸问题》（黎玉）、《蛟龙区三个村庄的租佃关系》（梁昌武）、《怎样开展部队民运工作》（李青）、《连队怎样进行社会调查》（樊鹏飞）、《对敌人俘虏政策的研究》（胡志毅）等文章。

冀鲁豫边抗日游击军区司令部翻印《步兵战术讲授提纲》

1942年
山东博物馆藏

冀鲁豫边抗日游击军区司令部学习教材，主要讲授步兵战术，主要内容有侦察排各司其职，如何安排侦察队形，遇敌后的处置，以及哨兵的派遣与任务，使队员懂得一般的军事常识。

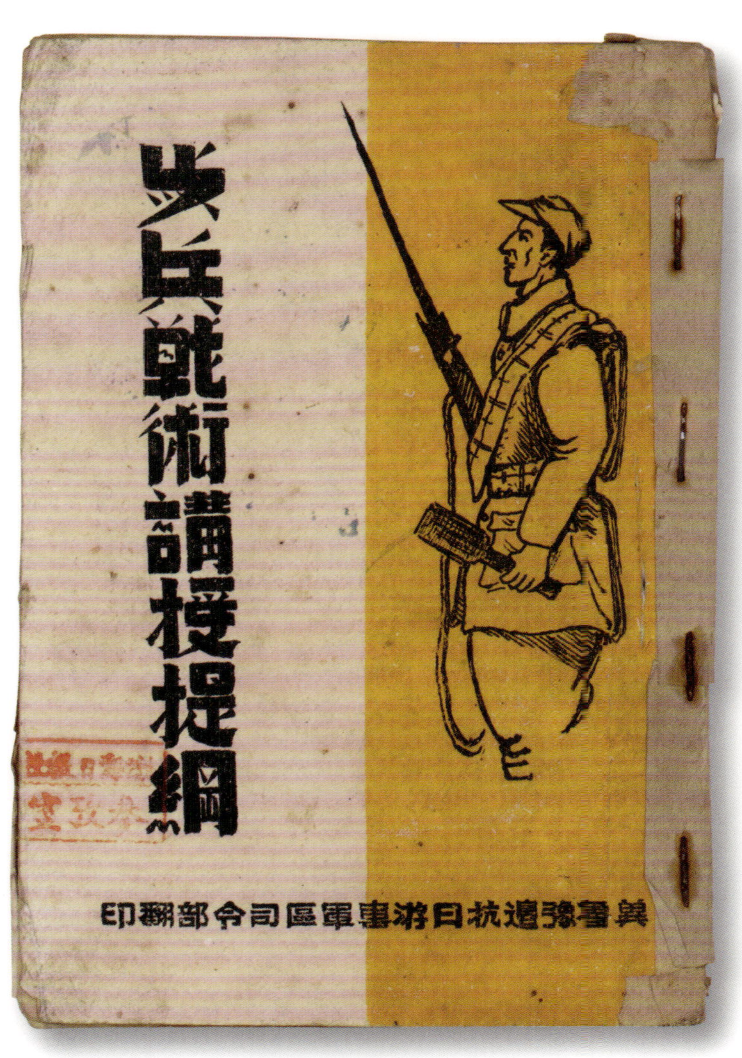

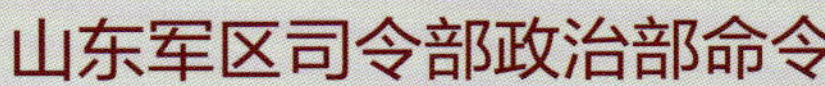

山东军区司令部政治部命令

1944年5月26日
山东博物馆藏

山东军区司令部政治部命令文件，罗荣桓时任司令兼政委，黎玉为副政委。该命令宣布：山东人民武装第一次代表大会通过的《山东人民武装抗日自卫团组织条例》经审查批准，特予公布施行，即日起生效。同时宣布该命令发布之前施行的《修正山东人民武装抗日自卫团暂行组织条例》以及《山东人民武装抗日自卫团组织条例》一概作废。山东人民武装抗日自卫团（简称自卫团），为群众性的半军事组织。该组织的原则为民主集中制，其领导与指挥为村自卫团部以上之各级人民武装抗日自卫委员会（简称武委）。

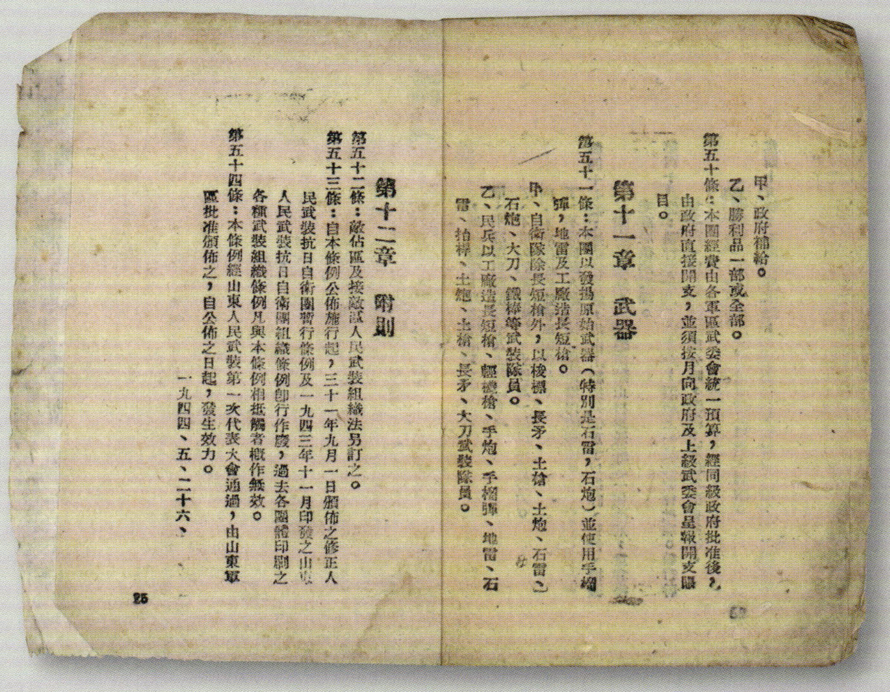

甲、政府補給。
乙、勝利品一部或全部。
第五十條：本團經費由各軍區武委會統一預算，經同級政府批准後，由政府直接開支，並須按月向政府及上級武委會呈報開支賬目。

第十一章　武器

第五十一條：本團以發揚原始武器（特別是石雷，石炮）並使用手榴彈，地雷及工廠造長短槍。
甲、自衛隊除長短槍外，以梭標、長矛、土槍、土炮、石雷、石炮、大刀、鐵棒等武裝隊員。
乙、民兵以工廠造長短槍、鳥槍、手炮、手榴彈、地雷、石雷、抬槍、土炮、土槍、長矛、大刀武裝隊員。

第十二章　附則

第五十二條：敵佔區及接敵區人民武裝組織法另訂之。
第五十三條：自本條例公佈施行起，三十一年九月一日頒佈之修正人民武裝抗日自衛團暫行條例及一九四三年十一月印發之山東人民武裝抗日自衛團組織條例即行作廢，過去各區縣印刷之各種武裝組織條例凡與本條例相抵觸者概作無效。
第五十四條：本條例經山東人民武裝第一次代表大會通過，由山東軍區批准頒佈之，自公佈之日起，發生效力。

一九四四、五、二十六、

25

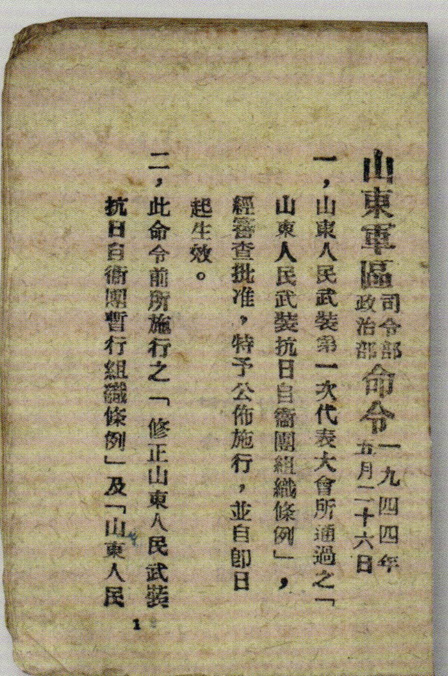

山東軍區司令部政治部命令　一九四四年五月二十六日

一，山東人民武裝第一次代表大會所通過之「山東人民武裝抗日自衛團組織條例」，經審查批准，特予公佈施行，並自即日起生效。
二，此命令前所施行之「修正山東人民武裝抗日自衛團暫行組織條例」及「山東人民

1

八路军山东胶东军区政治部编《血战八年的胶东子弟兵》

1945年
山东博物馆藏

八路军山东胶东军区政治部编写，是记载抗战时期胶东军民奋勇杀敌、抛洒热血的战斗业绩的宝贵史料，收文60多篇、图片47幅。本书所记载的是胶东军区八路军在1945年5月以前的抗战战绩，以及攻占烟台、威海等辉煌功绩。开篇是曾任胶东《大众日报》总编辑、山东纵队第五支队政治部主任的仲曦东所写的代序《八路军胶东部队抗战简史》。抗战胜利后，山东解放区发表的比较有影响力的报告文学《雷神庙之战》（姜克作），即收录在该书中。此书用《血战雷神庙》的版画作为本书封面，版画作者那狄，描绘了在雷神庙院内的三军战士手持步枪向庙外的日军射击的激战场景。

胶东军区政治部编印《山东战斗英雄》

1944年
山东博物馆藏

铅印。胶东军区政治部编印，专门介绍山东战斗英雄。该书收录有《论革命英雄主义》（节录）、《山东军区第一次战斗英雄民兵英雄代表大会闭幕典礼上萧主任的讲话》，并介绍了何万祥、臧西山、张思孟等20余名战斗英雄、民兵英雄的事迹。《论革命英雄主义》中写道："八路军新四军的英雄主义，不是为个人利益打算，为反动势力服务的旧英雄主义，而是新英雄主义，革命的英雄主义，群众英雄主义。"山东的战斗英雄正是这样具有革命英雄主义精神的一群人，他们始终把个人利益无条件服从于群众利益。此书记录了他们的英雄事迹，介绍了他们的革命经验，供战士们互相学习、互相交流，号召战士们都要做真正的革命英雄，增强队伍战斗胜利的信心。

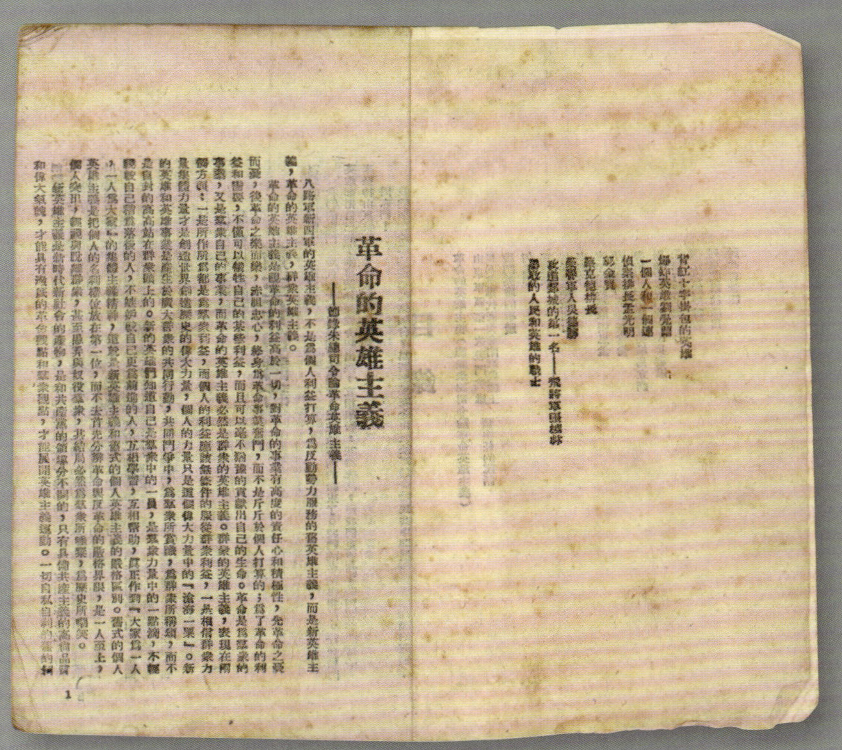
革命的英雄主義
——節錄朱總司令論革命英雄主義——
八路軍新四軍的英雄主義，不是爲個人利益打算，爲反動勢力服務的舊英雄主義，而是新英雄主義，革命的英雄主義，群衆英雄主義。

山東戰鬥英雄
膠東軍區政治部編印

1944年8月24日，胶东军区第十六团和东海独立团攻克牟平县以南水道敌据点，歼灭日、伪军300余人。图为迫击炮部队向前沿阵地移动。

1944年夏，滨海军区海防队在海上巡逻。

滨海区人民武装抗日自卫队赠给水沟坡（泊）民兵队的奖旗

1944年
莒州博物馆藏

1944年滨海区人民武装抗日自卫队赠给水沟坡（泊）民兵队的奖旗。旗面为丝质，字为棉衬，绿边，1962年由金墩小学搜集、小店镇人民政府移交给县文化馆，现收藏于莒州博物馆。革命战争年代，莒县两万多人参军参战，32万余人参加了支前，3549名烈士献出了宝贵生命。

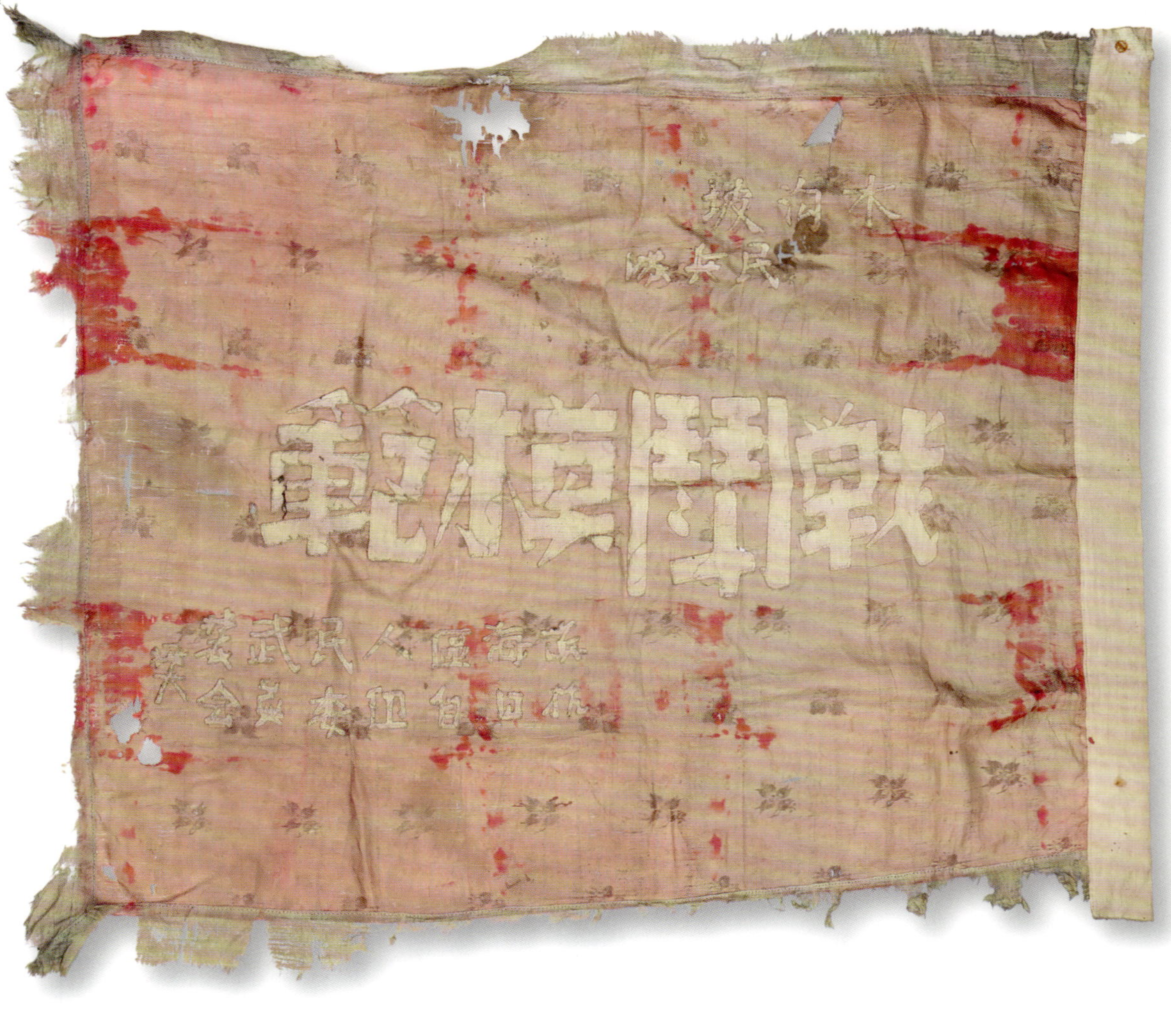

1946年

潍坊市寒亭区博物馆藏

碑原立于潍坊市寒亭区寒亭村村外，现藏潍坊市寒亭区博物馆。碑左起题“为纪念寒亭区为国殉难烈士于学亮、于庆礼、李锡庚、张建邦、张贤”，中间题大字“气壮山河”，左下题“寒亭区全体民众敬礼”，左上题“中华民国叁拾五年四月五日立”。

潍北县马宿区“气壮山河”烈士纪念碑

1946年

潍坊市寒亭区博物馆藏

抗日战争胜利后，原潍北县马宿区人民为抗日战争中牺牲的马宿区13位烈士所立纪念碑。碑原立于马宿村（今奎文区马宿村），现藏于潍坊市寒亭区博物馆。

右上题“为纪念马宿区为国殉难烈士李存烈、李存元、李存生、张振松、韩文章、韩洪福、韩效汤、韩洪智、牟福成、牟子芳、潘泽迎、牟凌岐、牟光义”，中题大字“气壮山河”，左上题“中华民国三十五年四月”，左下题“马宿区全体民众敬礼立”。

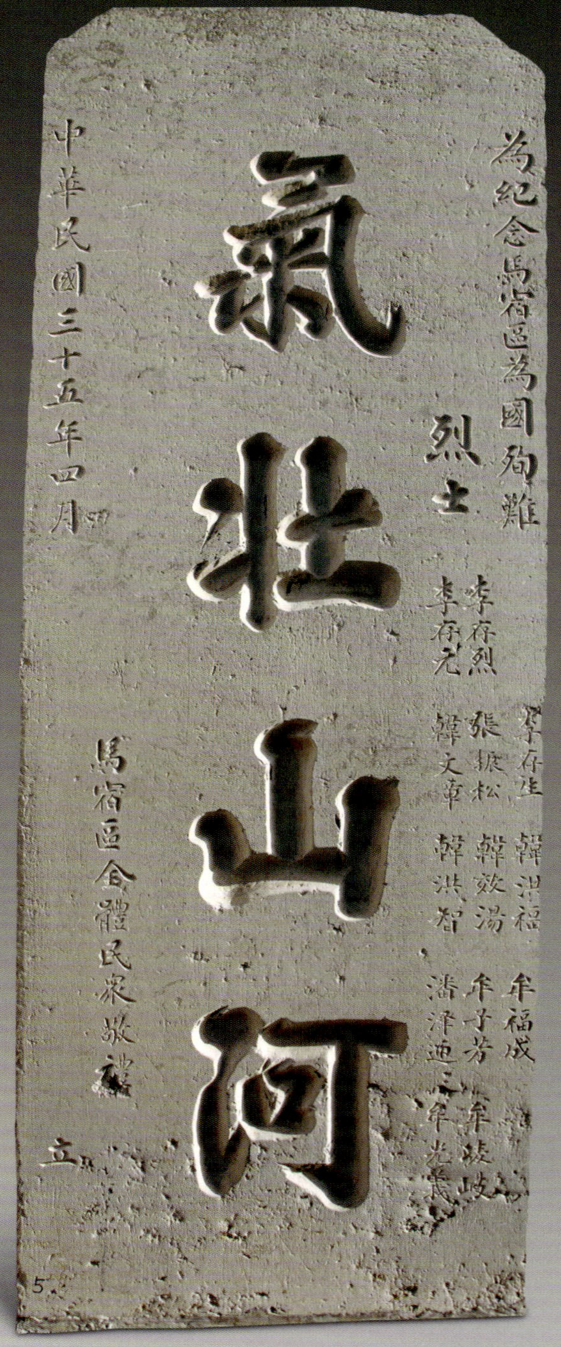

《战斗中的山东》

1940年
山东博物馆藏

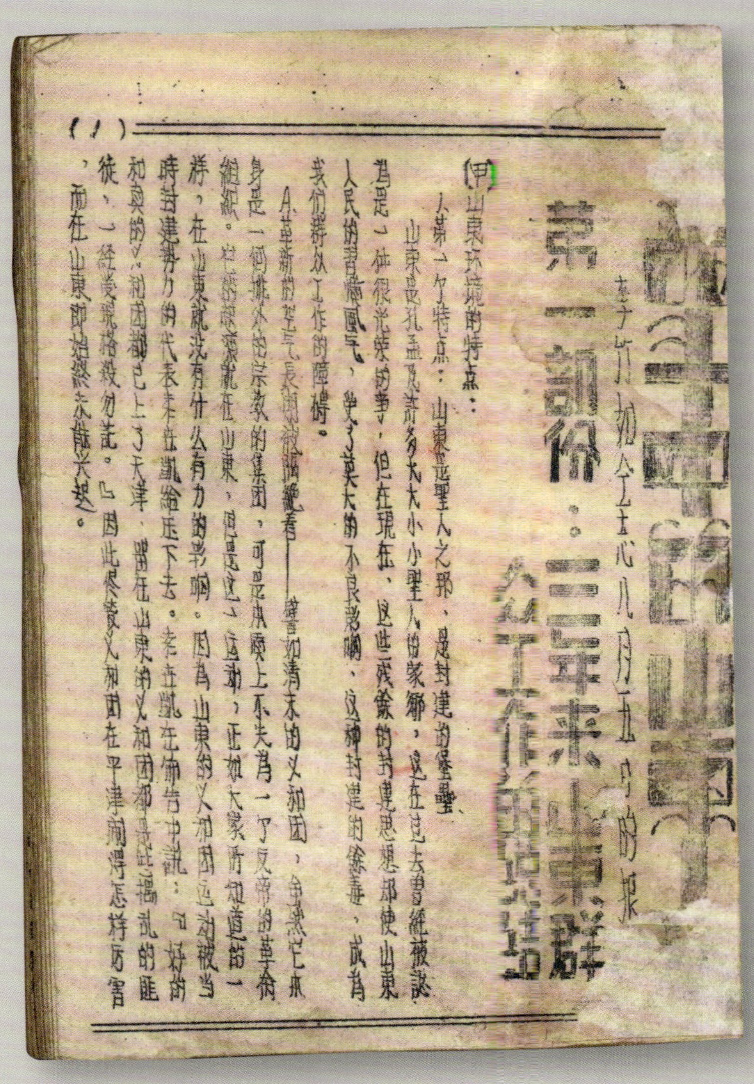

(1)

战斗中的山东（

李竹如同志一九四〇年八月五日的报

第一部份：三年来山东群众工作的总结

(甲)山东环境的特点：

A第一个特点：山东是圣人之邦，是封建的堡垒、

山东是孔孟及许多大大小小圣人的家乡，这在过去曾经被认为是一件很光荣的事，但在现在，这些残余的封建思想却使山东人民的习惯风气，受了莫大的不良影响，这种封建的余毒，成为我们群众工作的障碍。

A.革新的空气长期被隔绝着——譬如清末的义和团，虽然它本身是一个排外的宗教的集团，可是本质上不失为一个反帝的革命组织。但这个运动就在山东，但是这个运动，正如大家所知道的一样，在山东就没有什么有力的影响。因为山东的义和团运动被当时封建势力的代表袁世凯给压下去。袁世凯在布告中说：『好的和良的义和团都已上了天津，留在山东的义和团都是些捣乱的匪徒、』经袁氏格杀勿论。』因此袁氏义和团在平津闹得怎样厉害，而在山东却始终不能兴起。

1940年，山东省战时工作推行委员会成立，山东正式建立了以一省区为主体的抗日根据地，成为联系华北华中根据地的重要枢纽，与晋察冀、晋冀鲁豫等抗日根据地相互支援，共同撑起华北敌后抗战大局。为加强根据地人民群众抗战热情，中国共产党在山东抗日根据地领导开展了规模庞大、形式丰富多样的抗战宣传工作，成为党领导人民取得抗战胜利的重要因素。《战斗中的山东》重点总结了1937年至1940年三年来的群众工作，提出了参战、参政、生产、学习和厉行除奸五项重要工作，作为今后奋斗的具体目标。

山东省各界人民代表联合大会成立了山东省战时工作推行委员会和山东省临时参议会。图为联合大会会场。

李竹如

1905—1942

山东利津人。1938 年 5 月，李竹如调任八路军第一纵队政治部民运部部长。6 月 29 日随纵队到达山东，担任了中共山东分局的宣传部部长，兼任中共山东分局机关报《大众日报》管理委员会主任。1940 年 7 月，当选为山东省参议会参议员、驻会参议员、秘书长，负责参议会日常工作。1942 年 11 月 2 日，李竹如在日、伪对山东实行大规模“扫荡”中，在突围时被子弹击中头部，壮烈牺牲，时年 37 岁。

《战斗中的山东人民》

1940年
山东博物馆藏

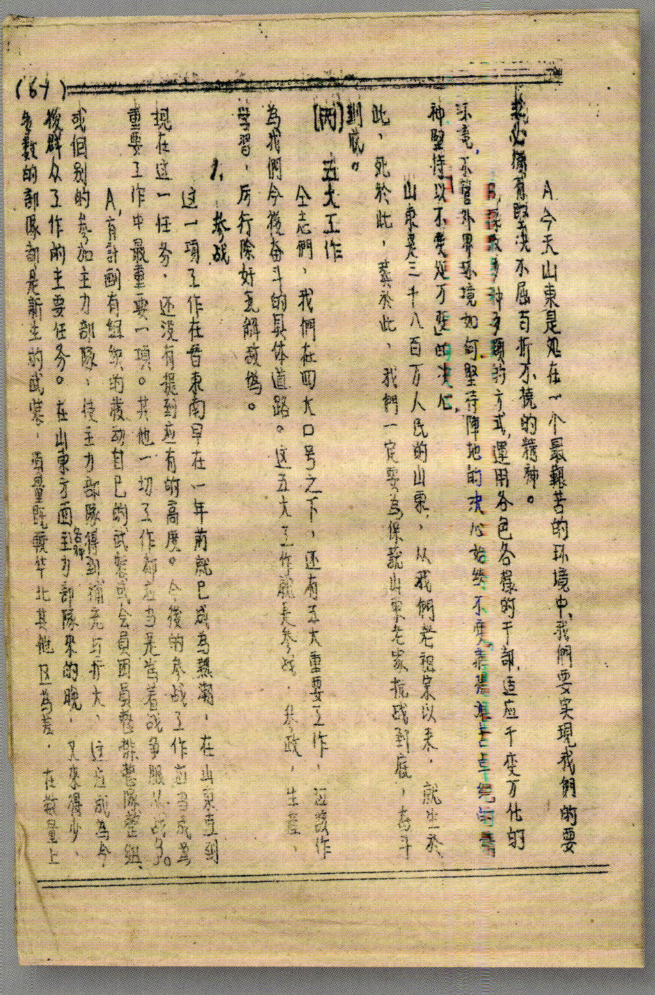

(67)

A. 今天山東是処在一个最艱苦的环境中，我們要实現我們的要求，必須有堅决不屈百折不撓的精神。

B. 發揮多种多樣的方式，運用各色各樣的干部，适应千变万化的环境，不管外界环境如何，堅持陣地的決心始终不变，[illegible]精神堅持以不變延万變的決心。

山東是三千八百万人民的山東，从我們老祖宗以來，就生于斯，長於此，死於此，葬於此，我們一定要為保衛山東老家抗戰到底，奮斗到底。

[四] 五大工作

全志們，我們在四大口号之下，还有五大重要工作，这些工作為我們今後奮斗的具体道路。这五大工作就是參战，參政，生產，學習，厉行除奸瓦解敌偽。

1. 參战

这一項工作在晉東南早在一年前就已成為熱潮，在山東直到現在这一任务，还没有提到应有的高度。今後的參战工作应当成為重要工作中最重要一項。其他一切工作都应当是為着战争服从战争。

A. 有計劃有組织的发动自己的武裝或会员团員整排整隊整組或個別的參加主力部隊，使主力部隊得到補充与扩大，这应成為今後群众工作的主要任务。在山東方面到主力部隊来的晚，又来得少，多數的部隊都是新生的武装，質量既要[illegible]華北其他区為差，在數量上

1940年，李竹如在山东省战时工作推行委员会成立会议上所作的题为“战斗中的山东人民”的报告，阐述了山东历史文章和人文环境，重点总结了1937年至1940年三年来关于参战、参政、生产、学习和厉行除奸等重要工作。

1940年7月，山东党政军负责人和山东各地区选派的代表共300余人举行隆重盛会，复选国大代表，成立山东省参议会、山东省战时工作推行委员会，成立山东各界救亡群众组织。在这次会议上，李竹如当选为参议会秘书长、战时工作推行委员会委员和山东文化界救亡协会会长。山东省战时工作推行委员会成立后，山东正式建立了以一省区为主体的抗日根据地，成为联系华北华中根据地的重要枢纽，与晋察冀、晋冀鲁豫等抗日根据地相互支援，共同撑起华北敌后抗战大局。为加强根据地人民群众抗战热情，中国共产党在山东抗日根据地领导开展了规模庞大、形式丰富多样的抗战宣传工作，成为党领导人民取得抗战胜利的重要因素。

胶东区行政主任公署、胶东军区司令部政治部联合发行《公布山东省胶东区战时戒严条令及施行细则的联合训令》

1943年5月25日
烟台市博物馆藏

胶东区行政主任公署，胶东军区司令部、政治部联合发行。发行人包括：主署主任王文，副主任林一山、曹漫之，公安局局长于克，副局长丛烈光，高审分处处长王可举。军区司令员许世友，政治委员林浩，副司令员吴克华，政治部主任彭嘉庆，副主任欧阳文。封面钤有“胶东区行政主任公署印”“陆军第十八集团军山东胶东军区司令部□□”两方朱文印章。内写有“为适应敌后战争环境，保证抗日胜利，及时肃清奸宄，稳定社会秩序。贯彻保障人权财权，特制定本条令。”

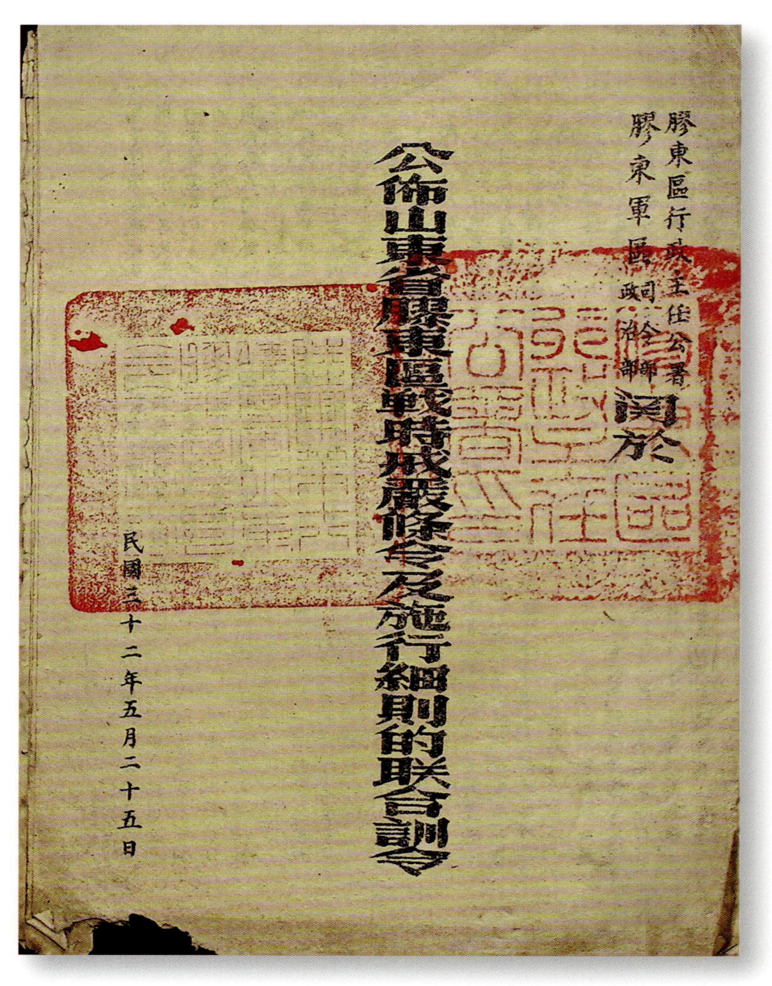

膠東區行政主任公署
膠東軍區司令部政治部
關於
公佈山東省膠東區戰時戒嚴條令及施行細則的联合訓令
民國三十二年五月二十五日

馆陶县赵官寨阻击战六十二烈士使用的铁刀

抗日战争时期
聊城中国运河文化博物馆藏

铁质。1940年2月9日，八路军第一二九师一部在卫河以西进攻石友三的伪军部队，石友三残部狼狈南逃。八路军第一二九师三八六旅先遣纵队一团三营奉命追剿残敌。2月22日，三营到达下草厂，日军已经完成了三面包抄，在完成合围之前，营部首长作出突围的决定，营长率领九连、十连的战士率先突围。三营教导员王树生和十连连长王德林挑选了60名八路军战士，阻击来犯的日军。营长带领九连、十连顺利突围，完成掩护任务的62名八路军勇士，失去了摆脱优势敌人的机会。62名勇士且战且退，最后来到一个叫作赵官寨的村子。62名勇士据守在门楼上，和日军展开浴血奋战。最后全部英勇牺牲，史称赵官寨六十二烈士。赵官寨战斗虽然只是一个小的阻击战，但拖住了敌军，保证了大部队的安全转移。十几个小时的激战，六十二烈士毙伤强敌500余人。

马石山突围战后保存下来的枪栓

1942年
山东博物馆藏

1942年胶东军区八路军指战员在马石山突围战后保存下来的枪栓。1942年冬，日、伪军拉网合围“扫荡”威海乳山马石山地区，残杀抗日军民503人，制造了骇人听闻的马石山惨案。在数千群众身陷绝境的危急关头，被困在包围圈内的胶东军区各八路军指战员战士挺身而出，舍生忘死，反复冲杀，掩护了大批群众突出重围。此役异常惨烈，涌现出“马石山十勇士”等胶东军区众多部队英雄群体为掩护群众壮烈牺牲的英勇事迹。

胶东八路军在马石山上抗击日军时的掩体

八路军用的冲锋号

抗日战争时期
地雷战纪念馆藏

铜质军号，号身有红绳缠绕。虽构造简单，但发音嘹亮，传远性好。战场上，它能够下达命令，振奋士气，也能震慑、迷惑敌人，被称作是“听得见的密码”。嘹亮的军号，承载着人民军队发展壮大的精神密码，无论是抗日战场上的浴血拼杀，还是解放战争中的凯歌猛进，激越高扬的冲锋号角始终是我军万千将士听党指挥、英勇作战、胜利前进的象征。

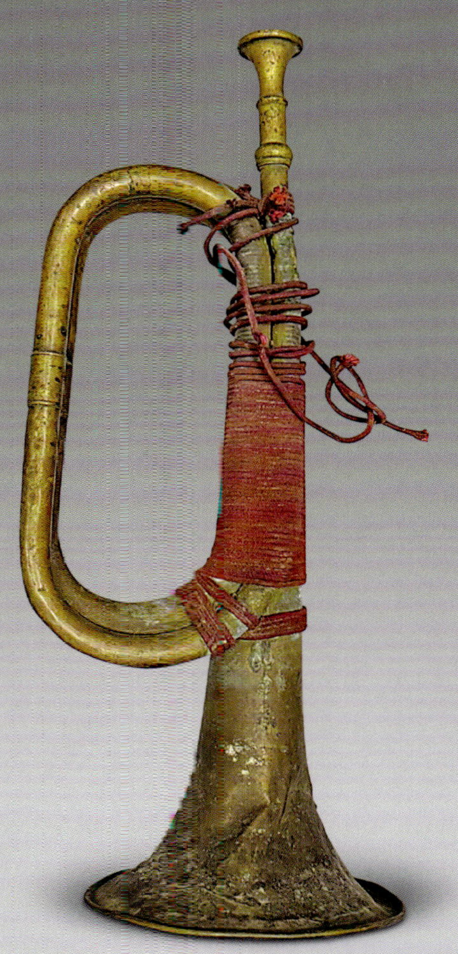

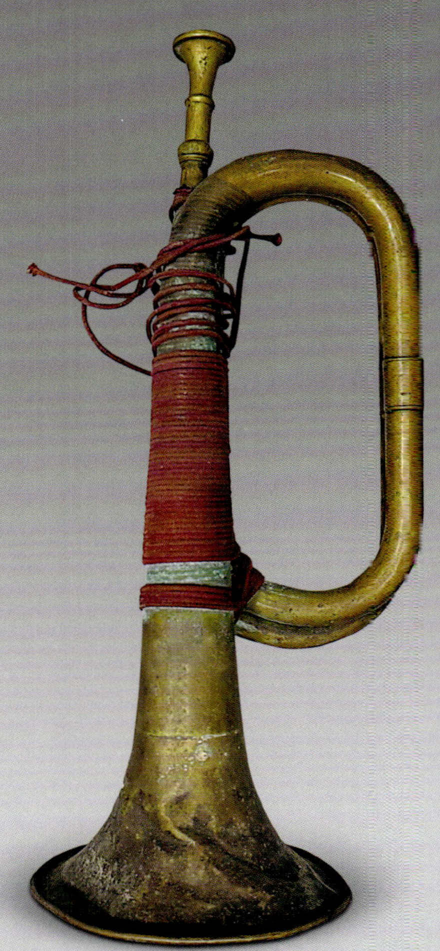

遵照中共中央“向北发展、向南防御”的方针，罗荣桓率山东八路军主力赴东北战场，新四军北上山东。1945年12月山东分局改为华东局。同时，新四军军部兼山东军区。新四军军长陈毅兼山东军区司令员。

新四军用过的黄布提兜

1942年
济南市博物馆藏

新四军全称国民革命军陆军新编第四军，是全面抗战时期中国共产党领导的在华中敌后坚持抗战的人民军队。全面抗战时期，新四军主力部队和地方武装发展到31万余人，民兵、人民自卫武装发展到96万余人，共歼灭日、伪军31.7万余人，同时付出了伤亡8.9万余人的代价，建立了地跨江苏、浙江、安徽、河南、湖北等省的华中抗日根据地，为坚持和发展华东人民革命斗争奠定了坚实的基础，为抗日战争的胜利作出了重大贡献。

1941—1943年是华中敌后抗战严重困难时期。其间新四军各部队进行了艰苦的反“扫荡”、反“清乡”、反“蚕食”、反“摩擦”作战。三年中，共对日、伪军作战8400余次，歼敌9万余人，并挫败了国民党顽军的多次进攻，坚持了华中抗日根据地。

王凤麟

1911—1942

黑龙江宁安人。曾先后任山东纵队四支队三营营长、一旅二团副团长等。他创造的爆破技术曾在全军推广。1942 年在马鞍山保卫战中壮烈牺牲。

冯旭臣

1888—1942

山东益都人。曾任益都县参议长。1942 年在马鞍山保卫战中，他和女、媳、孙 6 人壮烈殉国，被鲁中行署参议会称誉为“一门忠烈”。

马鞍山战斗中使用的水桶

1942年
淄博市博物馆藏

铁质水桶，是马鞍山战斗前夜老民兵孙希伯为被日军包围在山上的抗日战士送水使用的。

马鞍山位于淄博市淄川区淄河上游，是沂蒙山区通向我清河抗日根据地的咽喉要道。1942年11月9日，“扫荡”沂蒙山区的数千日、伪军返回时包围了马鞍山，在飞机大炮的掩护下向马鞍山发动了疯狂进攻。当时山上有山东纵队一旅二团副团长王凤麟等伤病员、家属共40余人，抗击着数千人的进攻，战斗坚持了两天一夜，消灭敌官兵一百余人，除少数人脱险外，王凤麟、谭克平等27位同志壮烈牺牲。益都、临朐、淄川、博山四县联合办事处主任冯毅之的父亲冯旭臣、妹妹冯文秀、妻子孙玉兰和3个孩子全部壮烈牺牲。

马鞍山战斗发生地

《马鞍山烈士碑记》

抗日战争时期
淄博市博物馆藏

《马鞍山烈士碑记》简要记录了马鞍山保卫战的过程，并提到为纪念马鞍山保卫战中英勇牺牲的烈士们，博山县（今淄博市博山区）政府于1945年在马鞍山上建起了抗日烈士纪念塔。

纪念塔为六面，正面由时任鲁中专署专员徐化鲁题词“气壮山河”，大字一侧刻烈士英名录，另一侧刻碑文。背面刻着博山县县长毛梓材撰写的《马鞍山烈士赞》：“奇男儿守空山，频将敌截断，飞机大炮山可撼，壮士英风不变。审知军械悬殊，浴血运石仍抗战。断头颅使敌伪惊服，这气节教人敬念。山或崩，石或烂，烈士精神终古焕。”

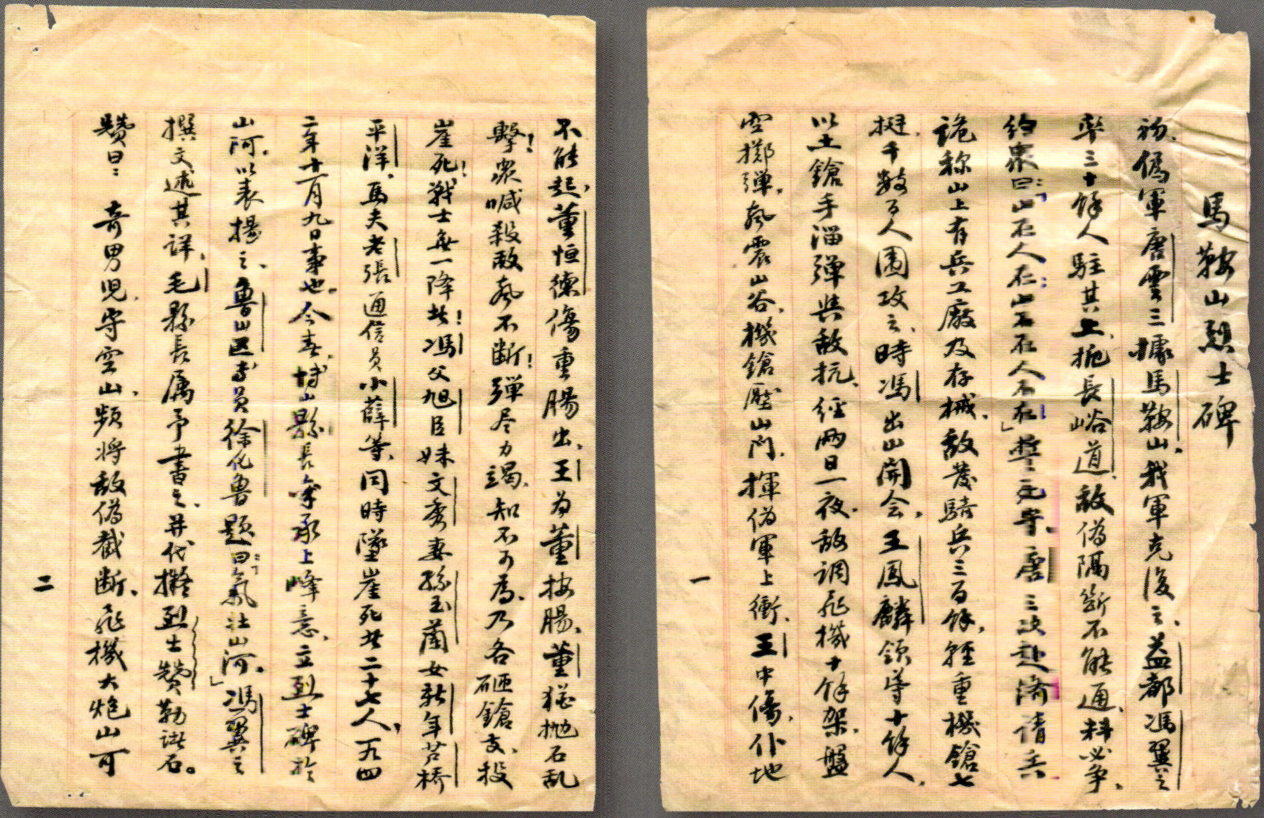

英雄“岱崮连”在岱崮战役中分水喝用的茶缸

1943年
山东博物馆藏

1943年，山东军区所属鲁中军区第二军分区十一团三营八连93位勇士，因坚守南北岱崮英勇作战受到山东军区的嘉奖，荣获“岱崮连”的光荣称号。

1943年11月13日，“扫荡”沂蒙山区的日、伪军向岱崮发起攻击，八连的93名战士奉命坚守蒙阴县东北的南北岱崮，多次击退在飞机、大炮掩护下的日、伪军的疯狂进攻，誓与阵地共存亡。在日、伪军的围攻封锁下，八连战士每晚到距敌人只有五六十米的地方取水，再用这个茶缸分饮，开始每天每人可分到两茶缸，后来连半茶缸也分不到了。经过十五昼夜的激战，在粮尽水缺的艰苦条件下，八连以惊人毅力坚守着岱崮，打退了2000多日、伪军在飞机、大炮掩护下的多次进攻，最终以2人牺牲、7人负伤的代价，毙伤日、伪军300多人，胜利突围。八连战士们胜利完成了牵制敌人的任务，有力地配合了外线部队作战，创造了抗战史上以少胜多的奇迹。战后八连受到山东军区嘉奖，荣获“岱崮连”光荣称号。

“岱崮连”英雄班合影

徐向前

1901—1990

无产阶级革命家，军事家，中华人民共和国元帅。全面抗战爆发后，中共中央派遣第一一五师、第一二九师一部进入山东，并于1939年夏成立三支主力部队，兵力七万左右，山东地区的八路军急需加强集中统一领导。1939年6月，中共中央派遣徐向前到山东工作，任八路军第一纵队司令员，朱瑞任政委，统一指挥山东和苏北地区的八路军部队（主要为山东纵队），组织山东抗日游击战争、对抗侵华日军“扫荡”，并进行整军及推行“三三制”。1940年6月，中共中央来电要求徐向前参加中共第七次全国代表大会，徐向前返回延安，离开山东。

徐向前在山东时其马夫王同斯喂马用的木盆

1939年
山东博物馆藏

1939年徐向前住在沂蒙山区的孟良崮东高庄村时，马夫王同斯给他喂马用的木盆，后存放于房东马文恒家。

八路军使用的马克沁式重机枪

抗日战争时期
山东博物馆藏

马克沁式重机枪又称“民二十四式”重机枪，是中国军队在抗战时期配备的主要制式重机枪。最早的马克沁重机枪为英籍美国人海勒姆·斯蒂文斯·马克沁于1883年发明。1935年，南京金陵兵工厂以德国7.92毫米MG08式马克沁重机枪为原型，仿造出“民二十四式”重机枪，随即列为国民党军队制式装备。

八路军战士在梁山战斗中用重机枪向敌人射击

这架重机枪全枪重49千克，枪身与枪架是不同年份的零部件，枪身为1919年山东兵工厂制造，机枪架为1935年南京金陵兵工厂制造。该重机枪为枪管短、后坐式，冷却方式为水冷式，配用7.92毫米毛瑟系列步枪弹。这架马克沁式重机枪原是国民党军制式装备，后为八路军获得，在抗日战争中参加了百余次战斗，发挥了巨大作用。

八路军缴获使用的九二式重机枪

抗日战争时期
山东博物馆藏

八路军缴获使用的重机枪。机枪上标有“昭12:9 日本皇记2592年定型”字样。九二式重机枪是日军侵华时期主要使用的重火力武器。系为了加大杀伤力，由日军大正三年式重机枪改装而成（大正三年式则借鉴了法国哈乞开斯重机枪），以增装散热片、气冷式的机关冷却方式以加强持续作战能力，1932年定型制造后，日本陆军开始配备九二式重机枪。在中国战场，日军大量使用此类制式武器杀伤中国军民。

八路军某部机枪阵地，所用枪支即为缴获的九二式重机枪。

八路军山东纵队五旅政治部编《纪念抗战五周年追悼阵亡将士专册》

1942年
山东博物馆藏

1942年，为坚定抗战决心，山东各界纪念抗战五周年、六周年追悼抗战阵亡将士。八路军山东纵队五旅政治部编的《纪念抗战五周年追悼阵亡将士专册》，向广大民众展现了八路军新四军的英勇抗战的事迹，并在敌后各抗日根据地上发布切合情况的施政纲领、土地政策、劳动政策、文化政策，并实行政治上的“三三制”等，反击了一些混淆视听污蔑共产党抗战的言论，为抗战胜利、建设战后新中国提出了共同方针。

山东绾毂南北，扼陆海交通，且与山西为掎角之势，控制冀鲁广大平原。日、伪军对山东抗战力量除之务尽，每以优势兵力迭次分区残酷“扫荡”，烧杀淫掠，肆意摧残。山东抗日军民不屈不挠、与敌搏斗，付出了巨大的民族牺牲。

群众报社印《纪念抗战六周年暨追悼阵亡烈士大会特辑》

1943年
山东博物馆藏

该辑收录了马耀南烈士遗像、烈士碑全文、战斗总结、救济难胞募捐运动等追悼阵亡烈士的活动情形，还记载了追悼阵亡将士大会晚会一剧目《正气歌》，述说了一位70岁高龄的老人自恨自己不能像烈士一样为国家和民族效力，并期望自己的孙子能够发愤图强、报效国家。编印悼念专册的目的就是号召党政军民誓以百倍努力、坚持团结，抗战到底，继续发扬我中华民族之正气，继承先烈遗志，克服一切困难争取最后胜利，以慰诸先烈之遗灵。

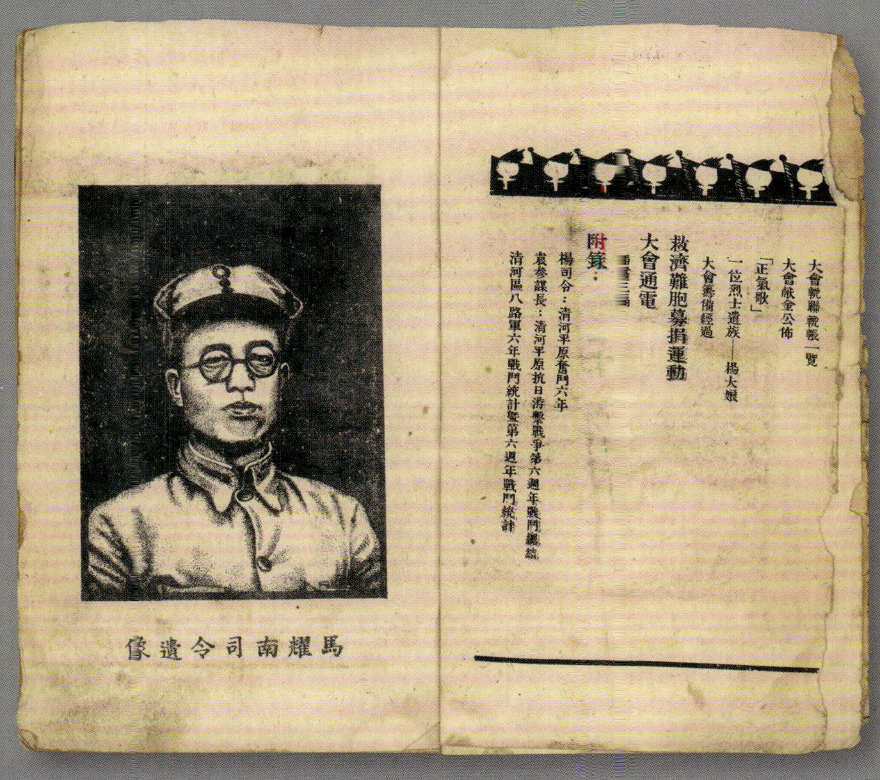

1942年8月2日，第一一五师、山东军区在赣榆县马鞍山举行抗日烈士纪念塔落成典礼，战士们鸣枪公祭抗日烈士。

渤海军区后勤政治处印《英模大会特辑》

1945年
山东博物馆藏

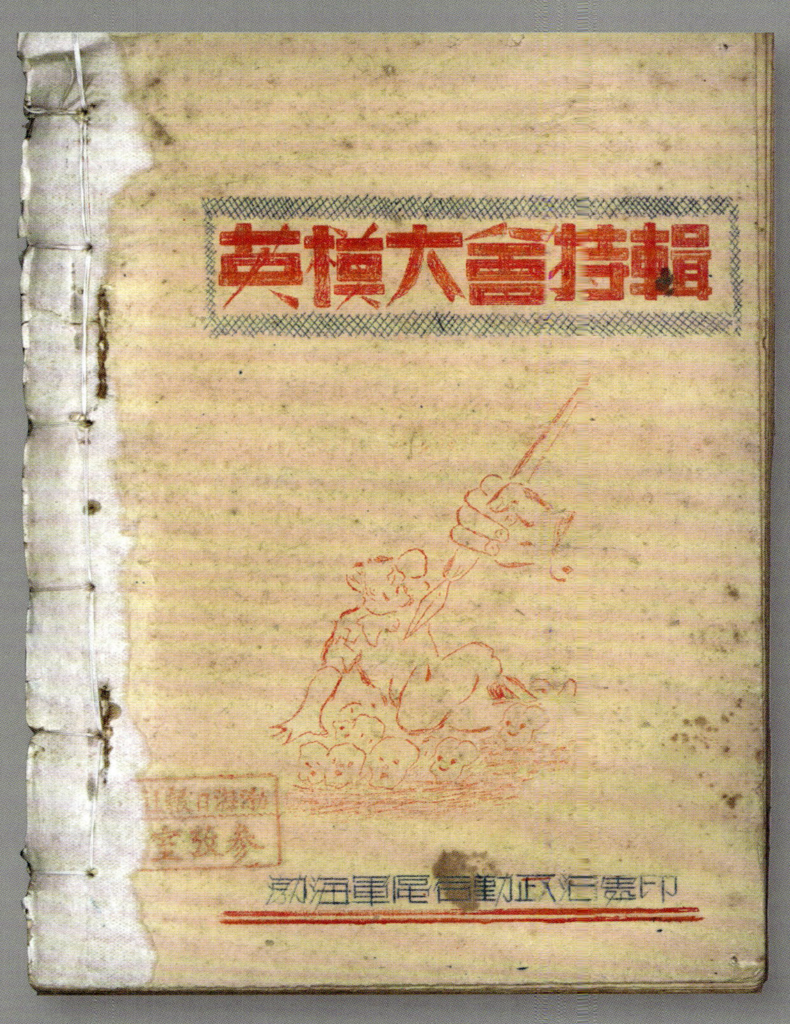

油印。1945年12月24日，渤海区劳模大会开幕，171名劳动模范、700多名代表齐集惠民城，总结交流生产经验。该辑即记录了大会盛况，刊发了渤海军区后勤一年半创模运动总结、劳模大会场内外情况、英雄模范红榜，以及劳模典型介绍和创模计划等内容。

1944年1月，冀鲁边区和清河区合并成渤海区，渤海区党委下辖6个地委，40余个市、县，鼎盛时期人口达1114万，面积达5.4万平方公里。这里大部是黄河淤积平原，地域广阔，海岸线长，物产丰富，加之群众基础好、具有革命传统，成为全面抗战时期八路军山东抗日根据地五大战略区之一及解放战争时期华东战场的可靠后方和后勤供应基地。1944年至1945年，抗日民主政府领导抗日军民开展大生产运动，渤海区各地普遍召开干部、群众大会，广泛宣传发动，制订计划，落实措施，掀起了大生产运动高潮。渤海区劳模大会即为表彰在大生产运动中表现突出的英雄模范。

滨海军区司令部编《号谱》

1944年
山东博物馆藏

滨海军区司令部编，其目的是统一各部队号音。司令部要求各部队按规定使用各种号牌。该号谱为五线谱，基本涵盖了部队生活、训练所需的全部号音，如起床、早点名、出操、上课、自习、办公、会议、沐浴、晚点名、熄灯、检查、夜操、紧急集合等，内容丰富全面。号谱反映了部队战士们的日常生活，是部队严肃纪律、整齐划一的象征，是革命精神的生动表现。

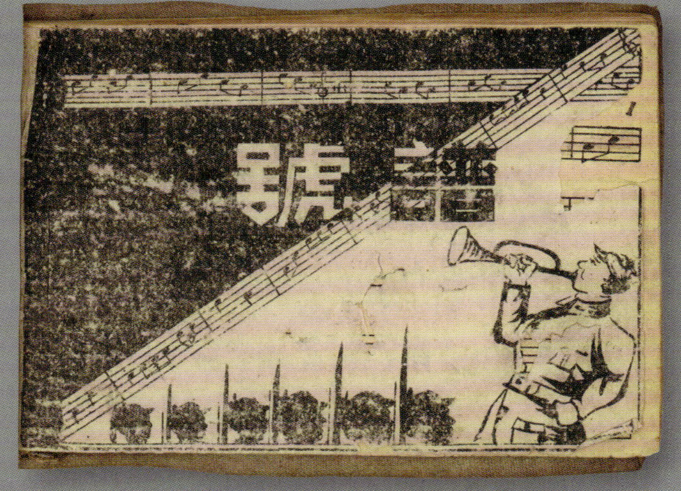

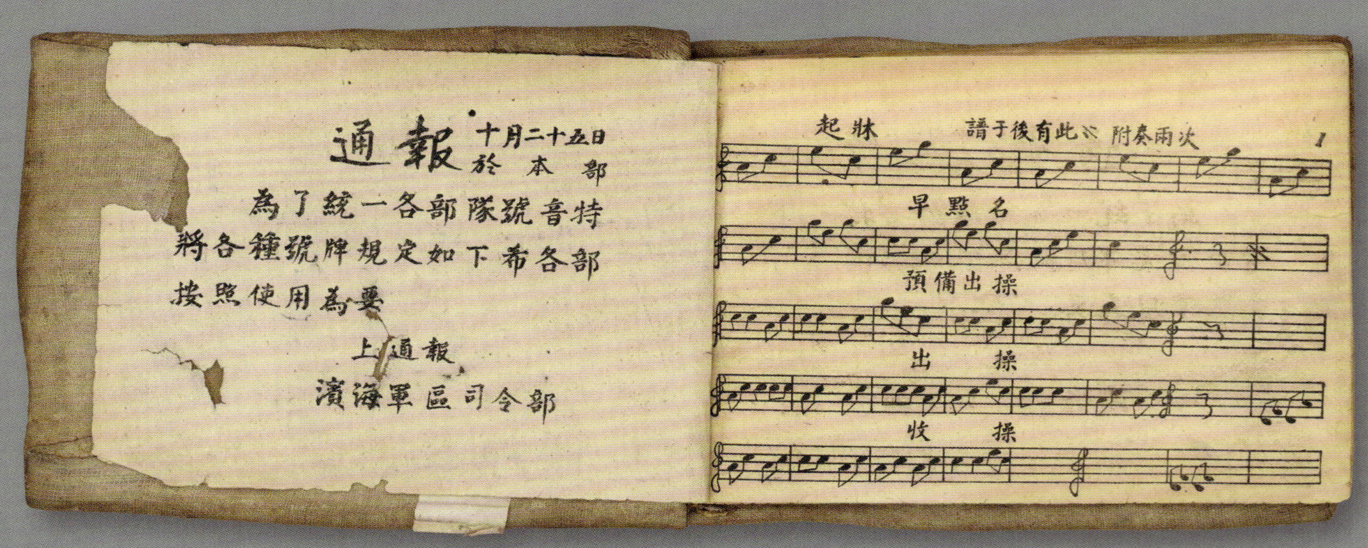
通報 十月二十五日 於本部

為了統一各部隊號音特將各種號牌規定如下希各部按照使用為要

上通報

濱海軍區司令部

起牀 請于後有此※ 附奏兩次

早點名

預備出操

出操

收操

华东鲁南军区司令部发的通行证

1944年
山东博物馆藏

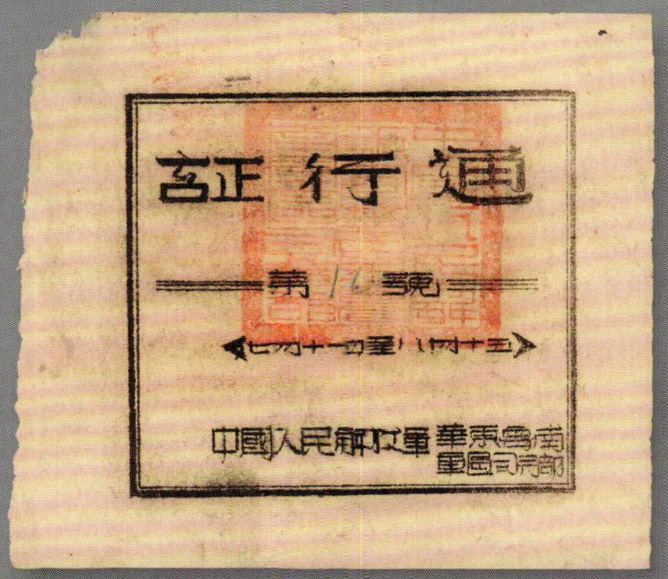
通行證
第16號
中國人民解放軍華東魯南軍區司令部

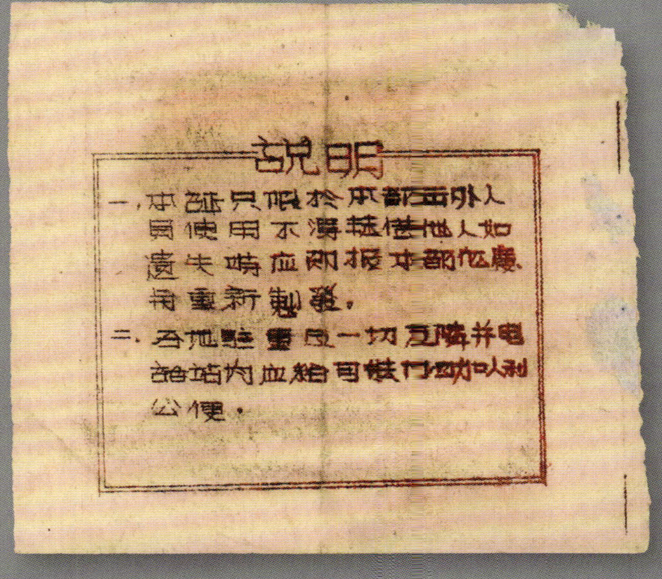
說明
一、本證只限於本部內外人員使用不得轉借他人如遺失時應即報本部作廢與重新製發。
二、各地駐軍及一切支隊並電話站內應給可能協助以利公便。

1944年中国人民解放军华东鲁南军区司令部制发的通行证。该通行证正面印有编号和签发单位，背面印有该通行证的使用说明：“一、本证只限于本部内外人员使用，不得转借他人。如遗失时应即报本部作废与重新制发。二、各地驻军及一切支队并电话站内应给可能协助以利公便。”该通行证体现了当时华东鲁南军区严格的通行管理制度。

战友报社出版《战友报（前线版）》

1945年
冀鲁豫边区革命纪念馆藏

冀鲁豫军区主办的《战友报》，其前身是八路军第一一五师三四四旅于1937年在河北省平山县郭苏镇油印的《战友报》。

1939年春，杨得志率三四四旅一部挺进冀鲁豫，成立了冀鲁豫支队，三四四旅分割为东西两个集团，油印的《战友报》也分成东西两个版样。后来，三四四旅及冀鲁豫支队和另一支部队整编为二纵队，1940年春挺进冀鲁豫，兼任冀鲁豫军区统帅机关，油印的《战友报》此后始终是纵队和军区的机关报。1941年夏，冀鲁豫军区和鲁西军区合并（仍称冀鲁豫军区），部队增多，地区扩大，油印报不足部队分配，因之仅刊发《战友月刊》，《战友报》暂时停刊。1943年3月，冀鲁豫军区的石印机构有了承印报纸的能力，石印《战友报》正式创刊，当时为两版，7日刊。1944年5月，《战友报》改为5日刊。1945年7月，《战友报》第131期由石印改为铅印。1947年3月，奉晋冀鲁豫军区之命，《战友报》改为晋冀鲁豫军区野战政治部和冀鲁豫军区政治部联合出版，同年4月又恢复为冀鲁豫军区出版。1948年1月7日，《战友报》暂时停刊，1949年2月复刊，同年8月终刊。

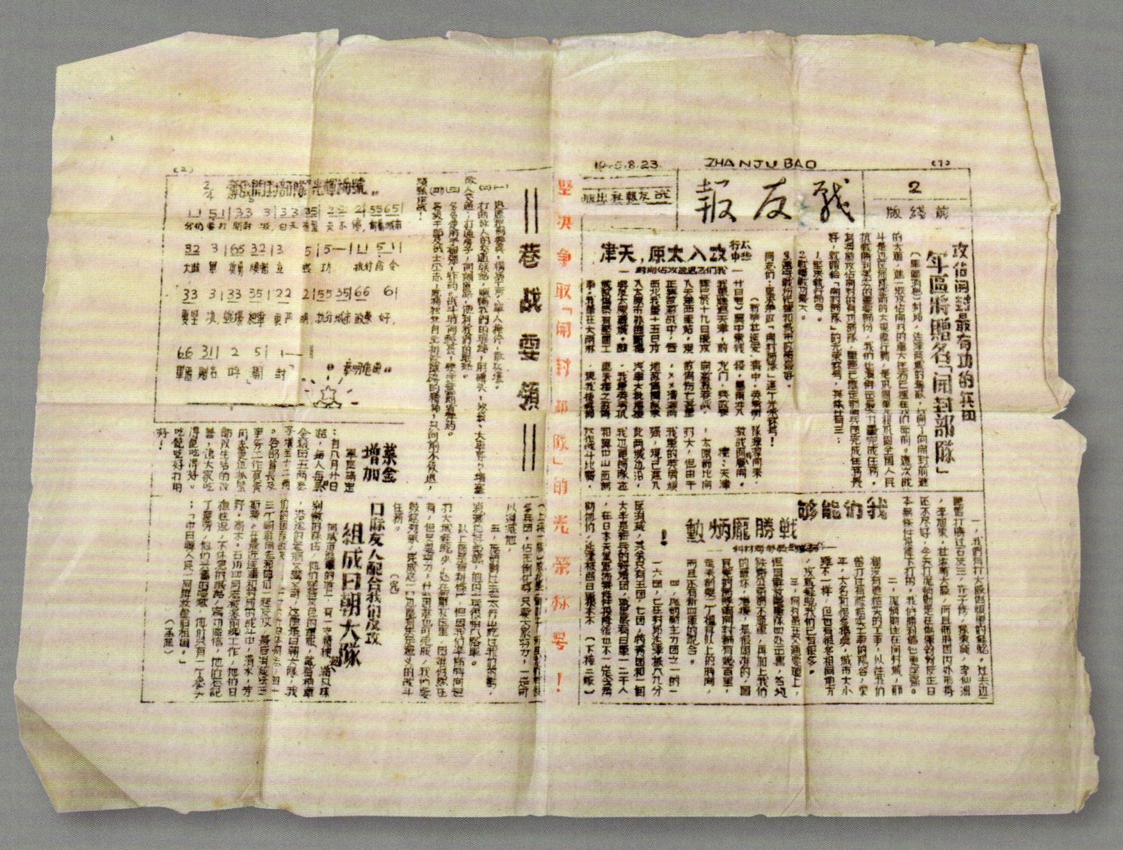
ZHANJU BAO

戰友報

前綫版 2

戰友報社出版

攻入太原，天津

攻佔開封最有功的兵團 年區將贈名「開封部隊」

我們能夠戰勝顧炳勳！

巷戰要領

堅決爭取「開封部隊」的光榮稱号！

菜金增加

組成日朝大隊

八路军山东胶东军区政治部编印《战士朋友》（复刊第一期）

1944年
山东博物馆藏

复刊第一期《战士朋友》，石印，半月刊。《战士朋友》1941年春在胶东创刊，由八路军山东胶东军区政治部编印发行，属于军队文化工作刊物。初为《前线画报》，后改为《战士朋友》，出至39期，1942年下半年，由于人员缺少及其他原因曾经停刊，后于1944年5月1日重新复刊。

《战士朋友》复刊第一期的主要内容分为木刻、名人介绍、小讲台、绘画、生产小常识、卫生小常识、小故事、杂俎等栏目，也包括封面和封底两部分。《战士朋友》图文并茂，图片主题鲜明，内容丰富多样，是丰富部队文化、加强士兵文化教育的重要手段和渠道。

十八集团军胶东军区政治部出版《前线报》（第260期）

1946年1月1日
栖霞市牟氏庄园管理服务中心藏

1946年1月1日《前线报》第260期，由十八集团军胶东军区政治部出版。为1946年第一期（元旦期刊），刊登了四旅八团练兵模范孙凤信《新年感言》、前进报社《新年献礼》和《改造思想改进工作克服个人主义倾向军直总支新年开展思想检讨》等文章，还刊发了《英勇顽强，接受经验继续战斗　坚决打击顽军西进——林政委在胶济前线排以上干部会上的讲话》《加强时事政治学习　巩固思想阵地——四旅八团订出半月时事政治学习计划》等。

《前线报》自1939年9月创刊至1951年10月停刊。在党的领导下，始终站在斗争前线，以特殊的战斗武器，汇前线信息，奏战斗强音，奋力鞭挞敌人，热情讴歌自己，充分发挥了胶东部队党委喉舌的作用。

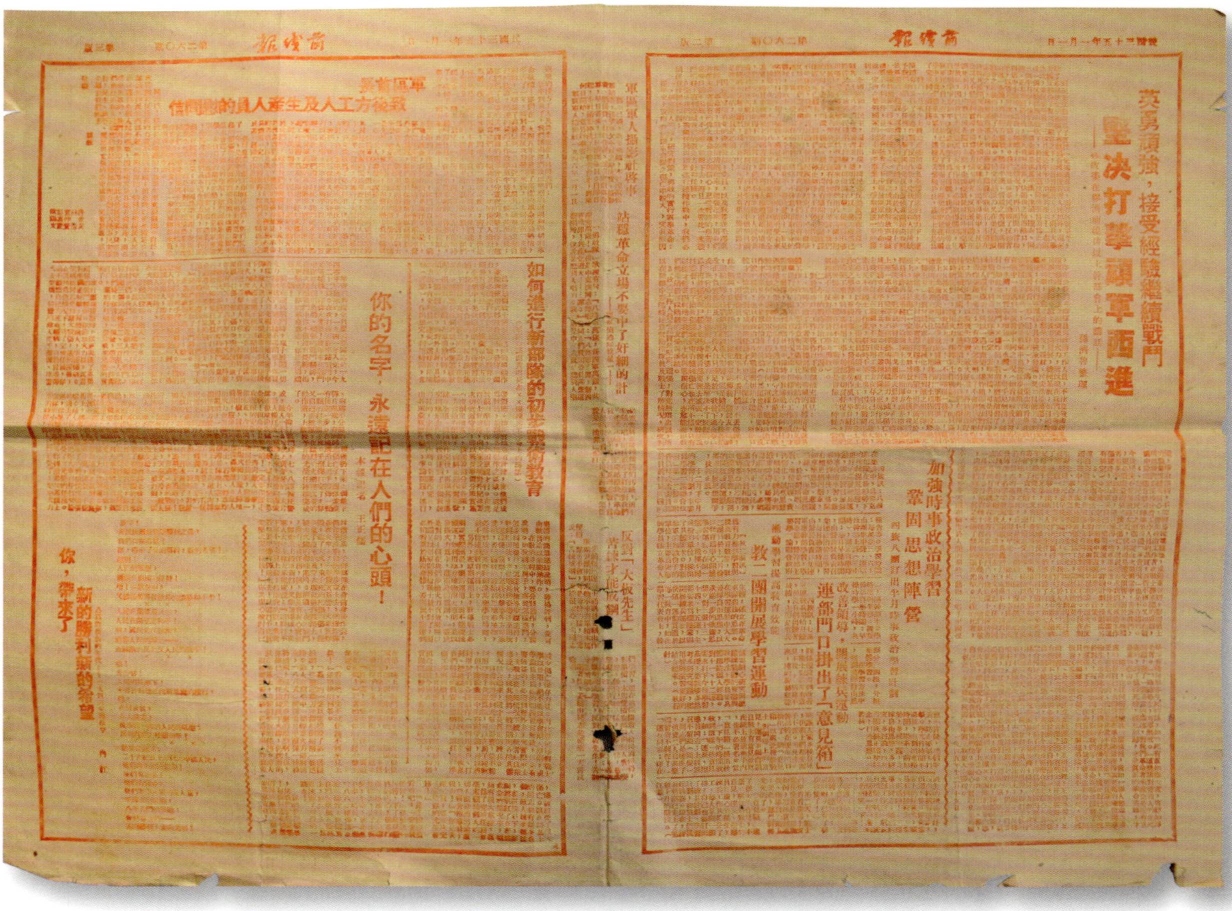

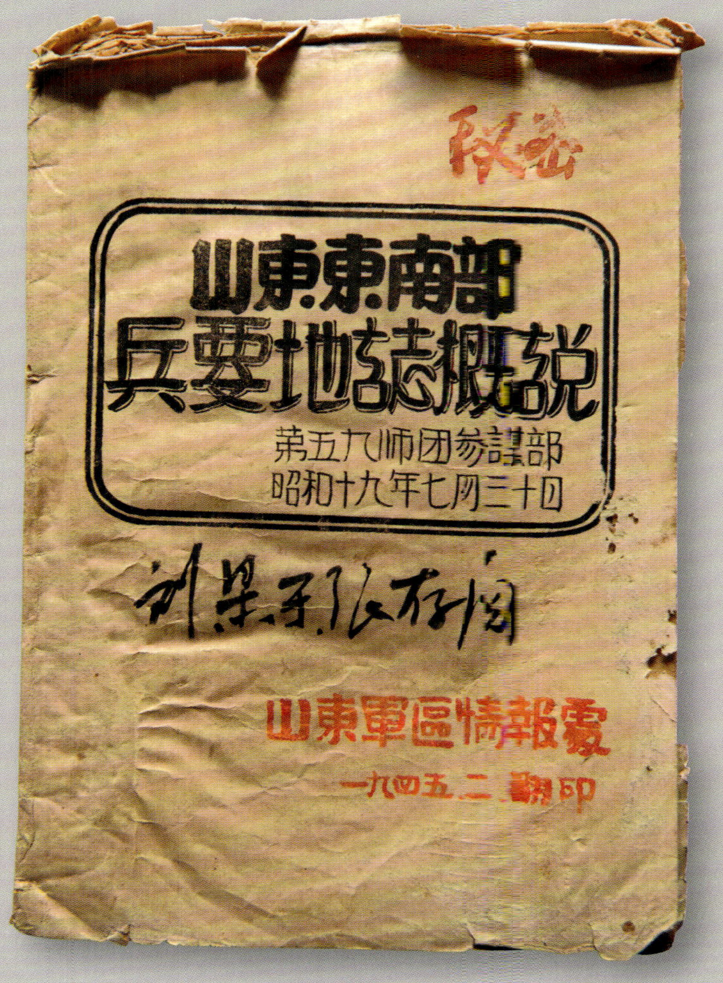

山东军区情报处翻印《山东东南部兵要地志概说》

1945年
莱州市博物馆藏

封面印有“第五九师团参谋部昭和十九年七月三十日”，右上角印有“秘密”二字，右下角印有“山东军区情报处一九四五．二．翻印”，皆为红色字体。中间部分有手写“刘、梁、于、张存阅”。该册子原为日本人所编，山东军区情报处翻印，共43页。

“兵要地志”特指用于作战的军事地理志，即部队拟定对敌作战计划时，所需要的各方面战场资料。全书分三章：第一章地形及地质，介绍山地、平地、道路、河川、海岸线；第二章宿营给养，介绍宿营、给水、卫生；第三章都邑，介绍了诸城、安丘、临朐等14个县的户数人口，宿营力，市街景况——城内面积、主要建筑物、住民状况、城墙规模内外等信息。该书为日本所做的战前准备，调研范围和内容极为细致和周密。这也是中国军队在全面抗战初期与日军会战、决战失利的关键原因之一。

烟台市政府颁发给郑玉美的扩军英雄奖章

1945年
烟台市博物馆藏

群众为新战士戴光荣花

郑玉美是在抗战时期送三子参军的伟大母亲。郑玉美的大儿子王福礼，1944年10月在攻打青岛崂山战役中牺牲。郑玉美的二儿子王福义1944年参军，曾多次负伤，去世后被追认为烈士。为表彰郑玉美的义举，1945年烟台市政府为她颁发了此奖章。国民党进攻胶东时，敌保长多次追查，郑玉美冒着生命危险把奖章缝进鞋子里保存了下来。

革命战争年代，胶东人民忠诚向党，积极参军参战，支援前线。仅从1945年10月到1949年春季，胶东就先后开展了5次大规模的参军运动，有50万名青壮年参军，7.6万余名革命烈士为国捐躯。胶东人民为中华民族的解放和中华人民共和国的建立，作出了不可磨灭的贡献。

木刻工厂出版《八路军华北抗战》

1941年
山东博物馆藏

木刻工厂出版木刻丛书之二《八路军华北抗战》。木刻工厂为版画团体，1938年12月创立于延安鲁迅艺术学院美术系。胡一川、陈铁耕、罗工柳、彦涵、华山等发起。胡一川任团长。曾赴晋东南开展木刻宣传工作，他们应报纸所需，经常创作报头木刻、政治漫画木刻和木刻连环画等。1940年2月8日，朱德总司令在下合村召集晋东南文协座谈会，号召艺术工作者笔杆子要跟上枪杆子，要用笔杆子创作出有助于抗战的作品来。同年年初，工作团创作一批木刻新年画，受到群众欢迎。夏季，工作团赴冀南工作，培养当地木刻干部，并建立木刻工厂。为报纸刻制插图时，木刻工厂广泛吸取了当地老百姓的意见，构图简洁，刻画细腻，人物形象生动传神，具有很高的艺术价值。1942年春，调回延安。还曾陆续创作并出版过20余种彩色年画。

该团在中共中央北方局宣传部部长李大章带领下，渡过黄河，越过敌人的封锁线，翻过太行山来到敌后抗日民主根据地开展木刻宣传工作。在晋西北举办了多次木刻作品展览，与当地的木刻工作者召开座谈会进行交流。之后又转战太行抗日根据地，在长治出版了美术专刊。从晋西到太行，鲁艺木刻工作团共举办过7次展览会和一次座谈会。经过不断地钻研学习，深入群众，吸收敌后抗日斗争的鲜活事例，创作出了很多与群众要求相结合的作品，使木刻艺术在走向民族化、大众化的道路上迈出了可喜的一步。

第四章

忠诚热血 使命担当

山东是近代以来遭受日本侵略最早最深的地区之一。全面抗战爆发后，中国共产党领导3800万山东军民同仇敌忾，浴血奋战，奏响了一曲气壮山河的抗击日本侵略的英雄凯歌。

在全面抗战最艰苦的时期，山东党组织深入发动群众，充分发挥主力军、地方军、民兵三结合武装力量的作用，广泛开展分散性、地方性、群众性游击战，取得了重大胜利。山东抗日根据地不仅是牵制消灭敌人的重要战场，而且是联系华北华中根据地的重要枢纽，向南有力协助了华中抗日根据地的发展，向西支援了冀鲁豫抗日根据地，与晋察冀、晋冀鲁豫等抗日根据地相互支援，共同撑起华北敌后抗战的局面。到抗日战争结束时，山东抗日根据地军民毙、伤、俘日、伪军53万余人，缴获各种枪21万余支、炮900多门及大量军用物资。山东人民在中国共产党领导下，奋起抗击日本帝国主义侵略，对抗日战争取得胜利作出了伟大贡献。

中共中央对山东的战略地位和建立山东抗日根据地非常重视，多次派干部来山东。1938 年 5 月，中共中央派郭洪涛率约 50 名干部来到山东。

郭洪涛率约50名干部到达山东后的合影

山东新华书店发行《论解放区战场》

1945年8月
山东博物馆藏

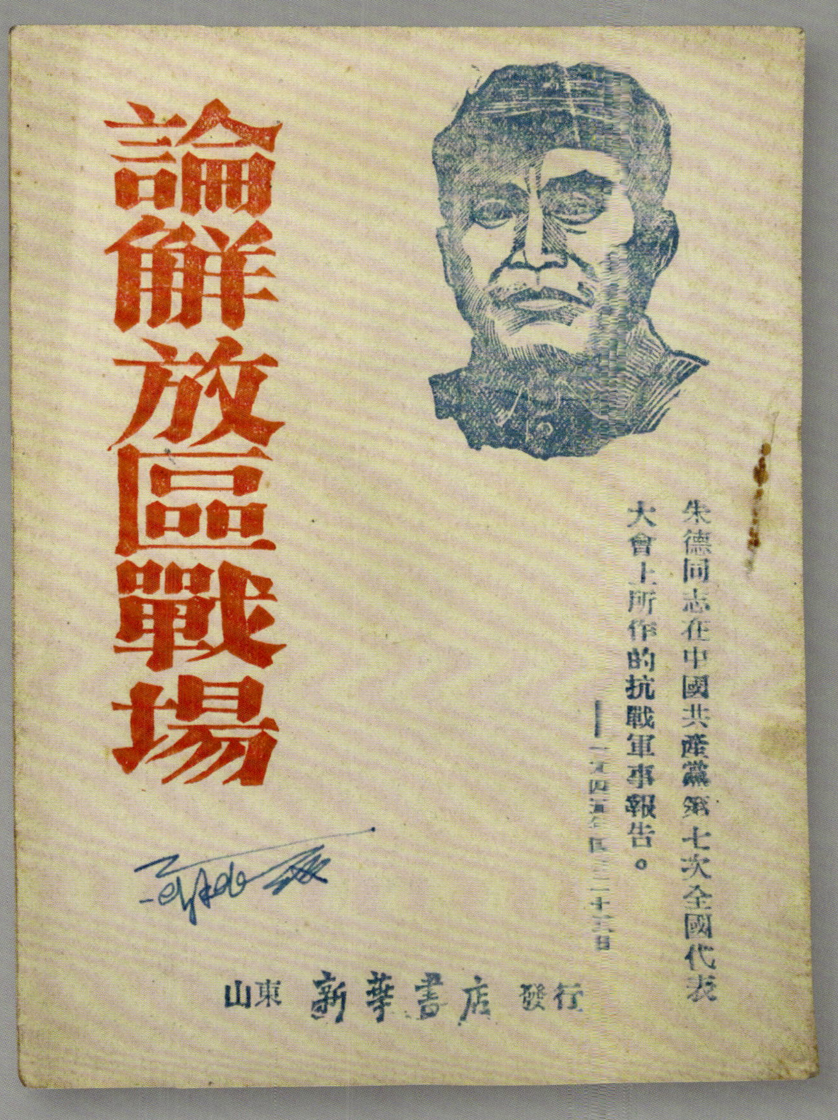

論解放區戰場
朱德同志在中國共產黨第七次全國代表大會上所作的抗戰軍事報告。
——一九四五年四月二十五日
山東 新華書店 發行

铅印，山东新华书店发行。该著作是朱德于1945年4月25日在中国共产党第七次代表大会上作的军事报告。报告共分五大部分，即“抗战八年”“论解放区战场”“中国人民抗战的军事路线”“今后的军事任务”及结束语等。

党的第七次全国代表大会是在伟大的中国人民英勇抗战将近八年之际召开的。当时，正是最终打败日本侵略者、世界反法西斯战争取得决定性胜利的时刻。根据党中央的战略性措施和英明论断，朱德作出了相应的在新阶段军事方针的陈述。朱德以坚定的立场阐述了政治与军事的关系。朱德的这篇军事纲领性文献，最初发表在1945年5月14日《新华日报》，继而不断再版刊印。

朱瑞

1905—1948

江苏宿迁人，无产阶级革命家，中国人民解放军炮兵奠基人。1928 年加入苏联共产党，后转为中国共产党党员。历任中央特派员、中共中央长江局军委参谋长兼秘书长、红军总司令部科长、红军学校教员、红三军政治委员等职。1939 年 5 月至 1943 年 8 月，朱瑞先后任八路军第一纵队政治委员、山东军政委员会书记（后由罗荣桓任书记）、中共中央山东分局书记，领导抗日军民开展敌后游击战争，为山东抗日根据地的创建、巩固和扩大作出了重要贡献。1943 年 12 月入中共中央党校学习。1946 年 10 月起任东北民主联军和东北军区炮兵司令员，兼炮兵学校校长。1948 年 10 月 1 日，朱瑞在辽沈战役攻克义县战斗中牺牲，时年 43 岁，是解放战争中我军牺牲的最高级别将领。

朱瑞使用过的文件包

抗日战争时期
沂蒙革命纪念馆藏

牛皮材质。文件包由于年代久远和频繁使用，边缘已严重磨损，朱瑞仍舍不得更换，彰显了共产党员干部艰苦朴素的优良作风。

朱瑞著《从国际到山东》

1940年
山东博物馆藏

该书内容是1940年8月山东分局书记、八路军第一纵队政委朱瑞在山东省各界联合大会上的政治报告。报告以宏大的国际视野分析了第二次世界大战各国反战反侵略的国际形势，并由国际论及中国山东地区艰苦卓绝的抗战历程。

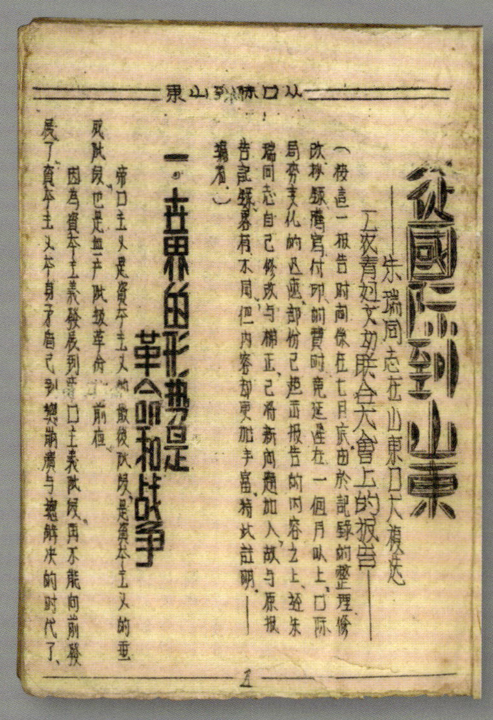

从口际到山東

從國際到山東

——朱瑞同志在山東口大複定工农青妇文协联合大會上的报告——

（按這一报告时间係在七月底，由於記録的整理修改搬騰寫付印的費时，竟延遲在一個月以上，口际局势变化的迅速，部份已超出报告的内容之上，並朱瑞同志自己修改与糾正，已將新内容加入，故与原报告記録略有不同，但内容却更加丰富，特此説明。——編者）

一、世界的形势是革命和战争

帝口主义是資本主义的最后阶段，是資本主义的垂死阶段，也是無产阶级革命的前夜。

因为資本主義發展到帝口主義阶段，再不能向前發展了，資本主义本身矛盾已到無法擴廣与無法解决的时代了、

1

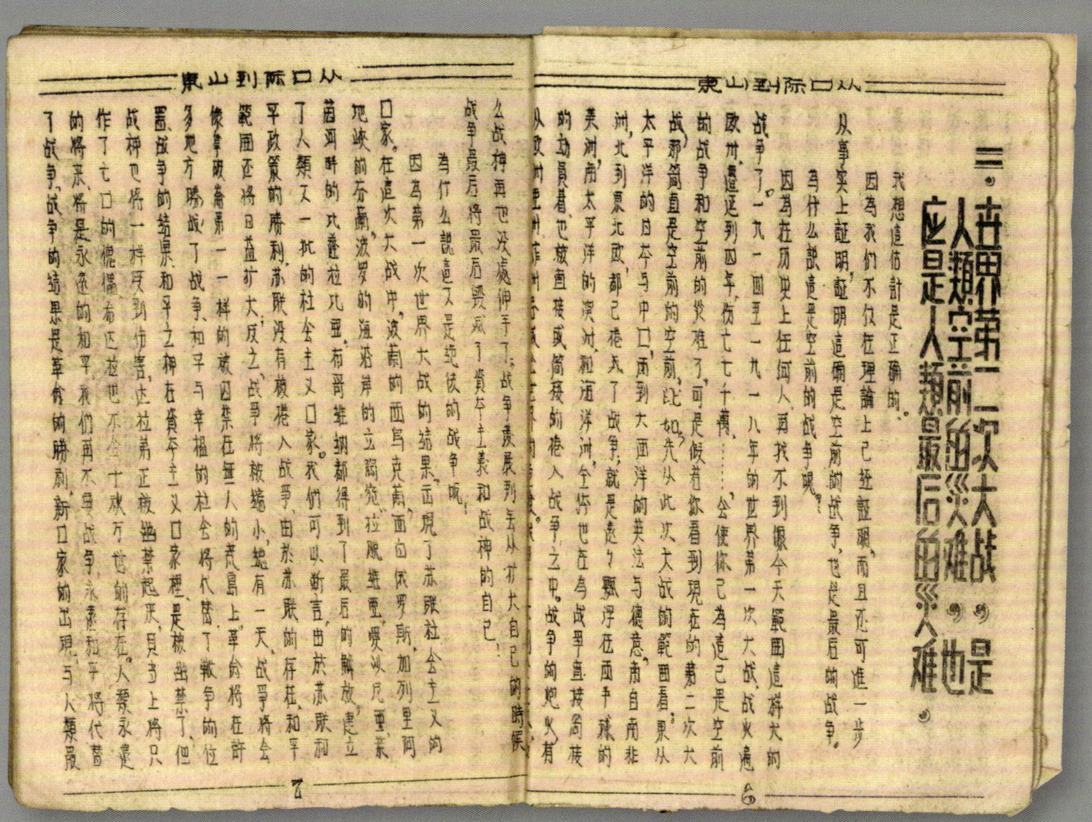

从口际到山東

三、世界第二次大战是人類空前的灾难，也應是人類最后的灾难。

我想這估計是正确的。

因为我们不仅在理論上已經証明，而且还可進一步从事實上証明，証明這是空前的战争，也是最后的战争。

为什么說這是空前的战争呢？

因为在历史上任何人再找不到像今天範围這样大的战争了。一九一四至一九一八年的世界第一次大战，战火遍歐州，遺延到四年，傷亡七千萬……，会使你已為這已是空前的战争和空前的災难了，可是假若你看到現在的第二次大战，那简直是空前的空前，比如：先从此次大战的範围看，東从太平洋的日本与中口，西到大西洋的英法与德意，南自南非洲，北到東北歐，都已卷入了战争，就是遠々飄浮在西半球的美洲，南太平洋的澳洲，和海洋洲，全体也在為战爭直接間接的動員着，也被直接或間接的卷入战爭之中。战争的炮火有从歐州 [illegible]

6

么战神再也没處伸手了；战争發展到去从打大自己的時候，战争最后將毁灭了資本主義和战神的自己！

为什么說這又是最后的战争呢！

因为第一次世界大战的結果，出現了苏联社会主义的口家。在這次大战中，波蘭的西烏克蘭，西白俄罗斯，加列里阿地峡的芬蘭，波罗的海沿岸的立陶宛、拉脫維亚、愛沙尼亚，莱茵河畔的比薩拉亞，布哥維納都得到了最后的解放，建立了人類又一批的社会主义口家。我们可以断言，由於苏联和平政策的勝利，苏联没有被卷入战争，由於苏联的存在，和平範圍还將日益扩大；反之，战爭將被縮小，總有一天，战爭將会像拿破崙第一一样的被囚禁在無人的荒島上，革命將在許多地方勝战了战爭，和平与幸福的社会將代替了战争的位置。战爭的結果，和平之神在資本主义口家裡是被幽禁了，但战神也將一样受到伤害，这位第正被幽禁起來，只有上將只作了亡口的傀儡，而还也不会十秋万世的存在。人類永遠的將來，將是永远的和平，我们再不要战争，永遠和平將代替了战争，战争的結果是革命的勝利，新口家的出現，与人類最

7

大众社出版朱瑞著《论相持阶段与坚持鲁苏抗战》

1940年2月
山东博物馆藏

大众社出版。1938年10月日军占领广州、武汉后，已无力再发动大规模的战略进攻。全面抗战由战略防御阶段进入战略相持阶段。敌后战场的斗争形势日益严峻。1941年至1942年，由于日、伪军的“扫荡”，加上罕见的旱灾和虫灾，山东抗日根据地进入严重困难时期。1939年8月，根据中共中央军委部署，八路军第一纵队正式成立，统一指挥山东和苏北境内的八路军各部队。为打开山东的抗日局面，中共中央决定派八路军主力部队入鲁。9月至11月，党的六届六中全会召开，毛泽东在会上提出“派兵去山东”。徐向前、朱瑞分别任第一纵队司令员和政治委员。《论相持阶段与坚持鲁苏抗战》分析了在抗战相持阶段坚持鲁苏抗战的重大意义，表达了抗战必胜的坚定信念。

罗荣桓

1902—1963

原名罗慎镇，字雅怀，号宗人，湖南衡山人，久经考验的忠诚的共产主义战士，坚定的马克思主义者，伟大的无产阶级革命家、政治家、军事家。中华人民共和国的开国元勋，中国十大元帅之一。1927 年 4 月加入中国共产主义青年团，随后转入中国共产党。全面抗战初期，任八路军第一一五师政治部主任、政治委员。1939 年 3 月初与陈光率一一五师师部和主力一部挺进山东，参与指挥樊坝、梁山等战斗，重创日、伪军。他率领一一五师部队与山东人民抗日起义武装组成的八路军山东纵队并肩作战，先后在鲁西、鲁南、冀鲁边、鲁中、滨海地区发动群众，建立抗日民主政权，发展人民武装，巩固和扩大抗日根据地。1941 年 8 月任山东军政委员会书记。1943 年 3 月任山东军区司令员兼政治委员，一一五师政治委员、代师长，中共中央山东分局书记，统一领导山东抗日民主根据地的党政军工作。1945 年 6 月，被选为中共第七届中央委员。抗日战争胜利后，从 1945 年 10 月底开始，按照党中央的统一部署，罗荣桓领导的山东军区部队陆续挺进东北 9 万人。随后主持组建二线兵团，为主力部队输送了大量兵员。将东北野战军（第四野战军）由 11 万余人发展到 150 万人，成为各大野战军中实力最强的野战军，占全国军队总数的三分之一。参与指挥辽沈战役、平津战役，为革命胜利立下了不朽功勋。中华人民共和国成立后，罗荣桓长期担任国家和军队的重要领导职务，为社会主义事业和军队建设作出了重要贡献。从 1942 年起罗荣桓经常带病指挥作战，1946 年曾切除一侧肾脏，以后长期抱病工作。1963 年 12 月 16 日病逝于北京。

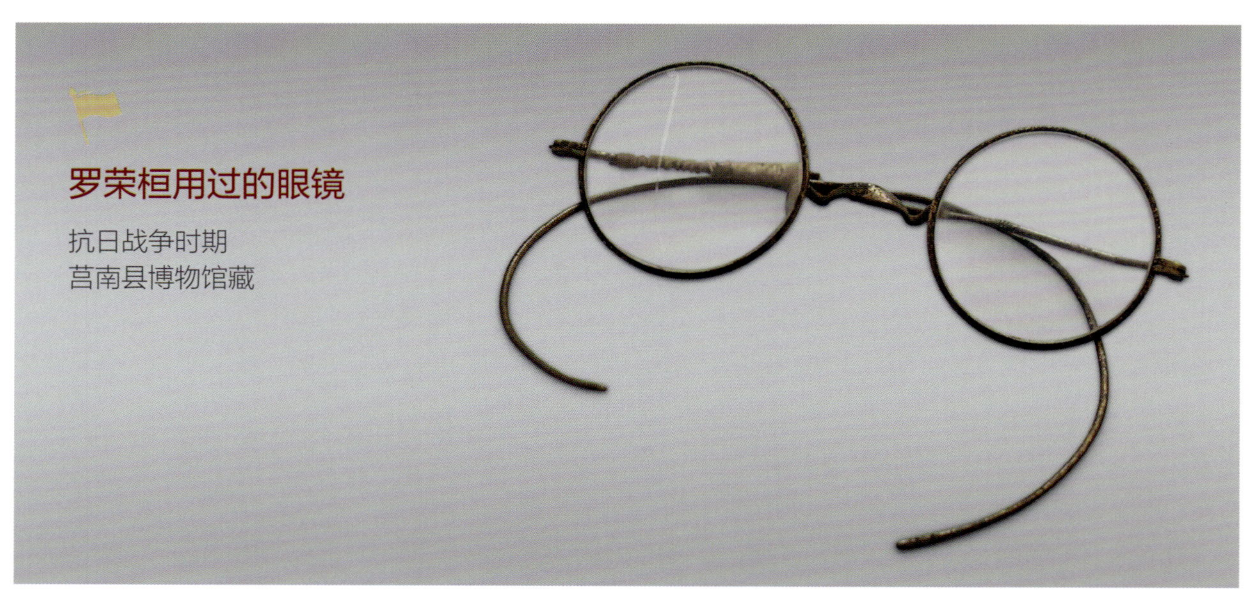

罗荣桓用过的眼镜

抗日战争时期

莒南县博物馆藏

罗荣桓穿过的布鞋

抗日战争时期
东平县博物馆藏（中共东平县工委纪念馆借用）

1939年3月，为了依山（泰山）傍湖（东平湖）开展游击战争，创建泰西抗日根据地，八路军第一一五师代师长陈光、政委罗荣桓率东进支队挺进泰西。3月14日，师部及部分主力部队进驻东平四区常庄村，司令部就设在该村颜景瑞家大院里。第一一五师代师长陈光、政委罗荣桓等在此办公，罗荣桓住在司令部以西的颜承灿家中。东进支队司令部驻常庄约2个月，在此期间，召开了一系列重要会议，组织指挥了泰西地区的对敌斗争，著名的香山战斗就发生在此期间。1939年5月罗荣桓在常庄指挥了著名的陆房突围战，此后在此休养近一个月。罗荣桓走时留下这双布鞋。

罗荣桓用过的毛毡

抗日战争时期
山东省政府和八路军115师司令部旧址藏

这张毛毡是毛泽东同志在长征时赠送给罗荣桓的。毛毡上有其妻子林月琴补的补丁，同时也能看到许多弹孔。它跟随罗荣桓从长征到陕北，再到山东、东北，转战南北直至北京。罗荣桓逝世后，林月琴始终珍藏着这张毛毡。在林月琴高龄时，她捐献给了山东省政府和八路军115师司令部旧址，寄托着罗荣桓夫妇二人对莒南人民的深厚情谊。

黎玉使用过的健脑器

1919—1949年
临沂市博物馆藏

此件为金属质，是黎玉在革命战争时期曾使用过的物品。

罗炳辉

1897—1946

云南彝良人。1915 年加入滇军，参加讨袁护国战争和北伐战争。1929 年 7 月秘密加入中国共产党，同年 11 月，率部起义，参加中国工农红军，历任团长、旅长、纵队长、军长等职。1933 年 10 月，任红九军团军团长。1934 年 10 月，参加长征。1937 年，全面抗战爆发后，罗炳辉任八路军副参谋长。1939 年，任新四军第一支队副司令员、第五支队司令员，开辟皖东抗日根据地。1940 年，先后任江北指挥部副指挥兼第五支队司令员、第二师师长兼淮南军区司令员等职。解放战争时期，罗炳辉任新四军第二副军长兼山东军区副司令员。因长期积劳成疾，1946 年病逝，终年 49 岁。1950 年安葬于华东革命烈士陵园。2009 年 9 月，罗炳辉被评为“100 位为新中国成立作出突出贡献的英雄模范人物”之一。

罗炳辉使用过的饭勺

1912—1949年
沂蒙革命纪念馆藏

银质饭勺，是罗炳辉使用过的生活用品。

罗炳辉的日记

1944年

沂蒙革命纪念馆藏

日记共26页，写于1944年9月。当时罗炳辉在苏北工作，任新四军二师师长。日记主要记录罗炳辉对当时全国军事、战争形势的分析，学习、思想上的认识等。从日记可以看出，罗炳辉在革命战争年代浴血奋战的间隙，仍不忘积极学习理论知识和军事知识，注重学习与实践相结合，认真记录清醒的思考和分析，为取得更大胜利和军事指挥作战总结经验。

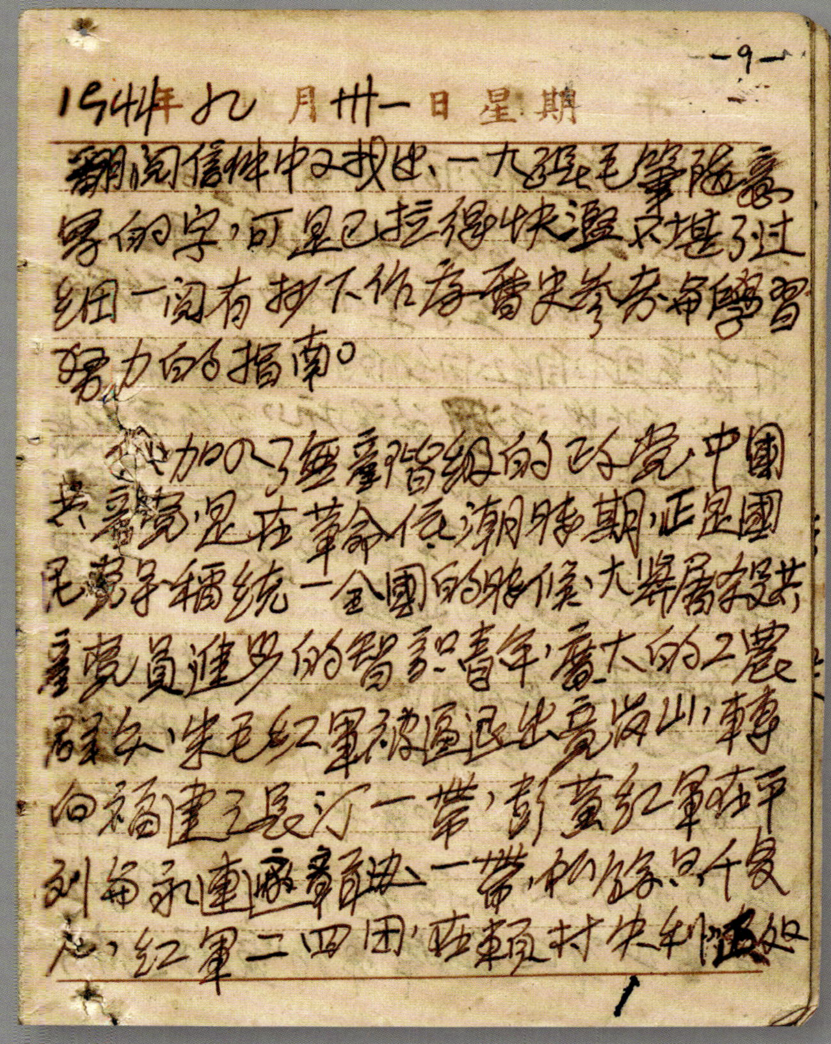

—9—

1944年九月卅一日 星期

翻阅信件中又找出一九三五年毛笔随意写的字，可是已经褪得快湮灭不堪了。过细一阅有抄下作存留史参考革命学习努力的指南。

参加了无产阶级的政党中国共产党，是在革命低潮时期，正是国民党军阀统一全国的时候，大屠杀共产党员、进步的智识青年、广大的工农群众，朱毛红军被逼退出井冈山，转向福建之长汀一带，彭黄红军在平江到[illegible]一带，仅余几千[illegible]人，红军二四团，在[illegible]村失利[illegible]

王麓水

1913—1945

又名王培岳、王松斌，江西萍乡人。1932 年 5 月入中国共产党，后参加了中央苏区历次反“围剿”和长征。1945 年 8 月，王麓水任山东军区第八师师长兼政治委员，同年 12 月率部围攻滕县（今滕州）城，不幸身负重伤英勇牺牲，时年 32 岁。1954 年 5 月安葬于华东革命烈士陵园。

许世友

1906—1985

湖北麻城许家洼（今河南新县）人。许世友曾担任八路军山东纵队第三旅旅长、胶东军区司令员、华东野战军第九纵队司令员、山东军区副司令员、山东军区司令员，长期在山东工作。

许世友为王麓水烈士的题词

1954年6月30日
临沂市博物馆藏

该题词为许世友手写原稿。纸张使用“中国人民解放军华东军区第三野战军司令部用笺”背面，题词内容：“麓水同志在伟大的人民解放事业中所创造的英勇模范事绩，将永远记在人民心里。”题词表达了对王麓水烈士的崇高敬意与缅怀。

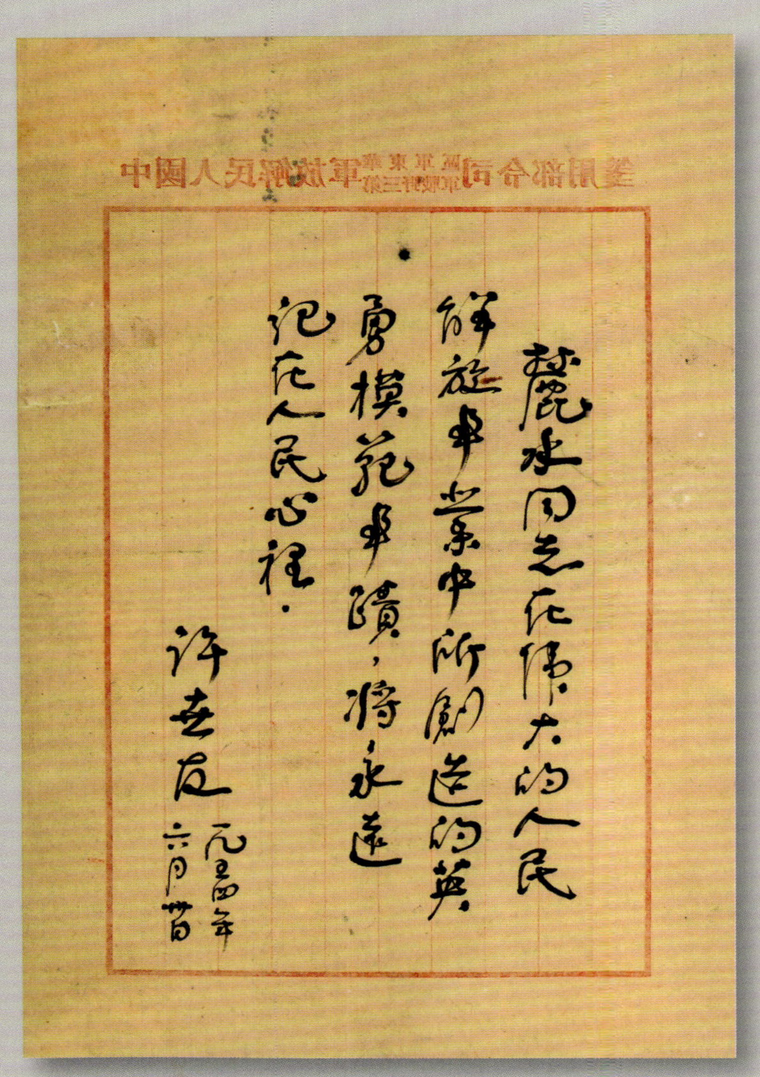

中國人民解放軍華東軍區第三野戰軍司令部用箋

麓水同志在偉大的人民解放事業中所創造的英勇模範事蹟，將永遠記在人民心裡。

許世友

一九五四年六月卅日

王麓水写给兄弟的家信

1945年10月26日
沂蒙革命纪念馆藏

1945年10月26日王麓水写给家中的大哥、二哥和三哥的家信。因当时革命形势所迫，王麓水时隔四年才写了这封家书，也是他生前最后一封家书。写这封家书后约一个月后，王麓水光荣牺牲。

大二三哥手足、 記得還是在四年前給家中有過一次訊問候
全家的好 但直到今天才又寫這樣一個簡單的回訊 親愛的
哥哥們你們一定會想念弟弟 大概是有了什么不幸吧 為什么多年
無音訊呢 是的 弟弟[illegible]一定會這樣想 但因其他種種原因未能如
願奈何！
關於弟的一切 現在仍然很好 還是從前一樣做着[illegible] 維持[illegible]生活
與四年前無異 請兄勿唸。
[illegible] 如何 估計在這樣之時間內大概可能
情形一定有變化 并且會是很大 想像到的變化首先是生活的困苦及
其他——弟弟熱切望着全家和故鄉都很好 遙念！！
并望兄將家庭及故鄉的一切能夠詳告。致

祝

健康

弟 松斌

十月廿六日晚

通訊處

王麓水写给三哥的家信

抗日战争时期
沂蒙革命纪念馆藏

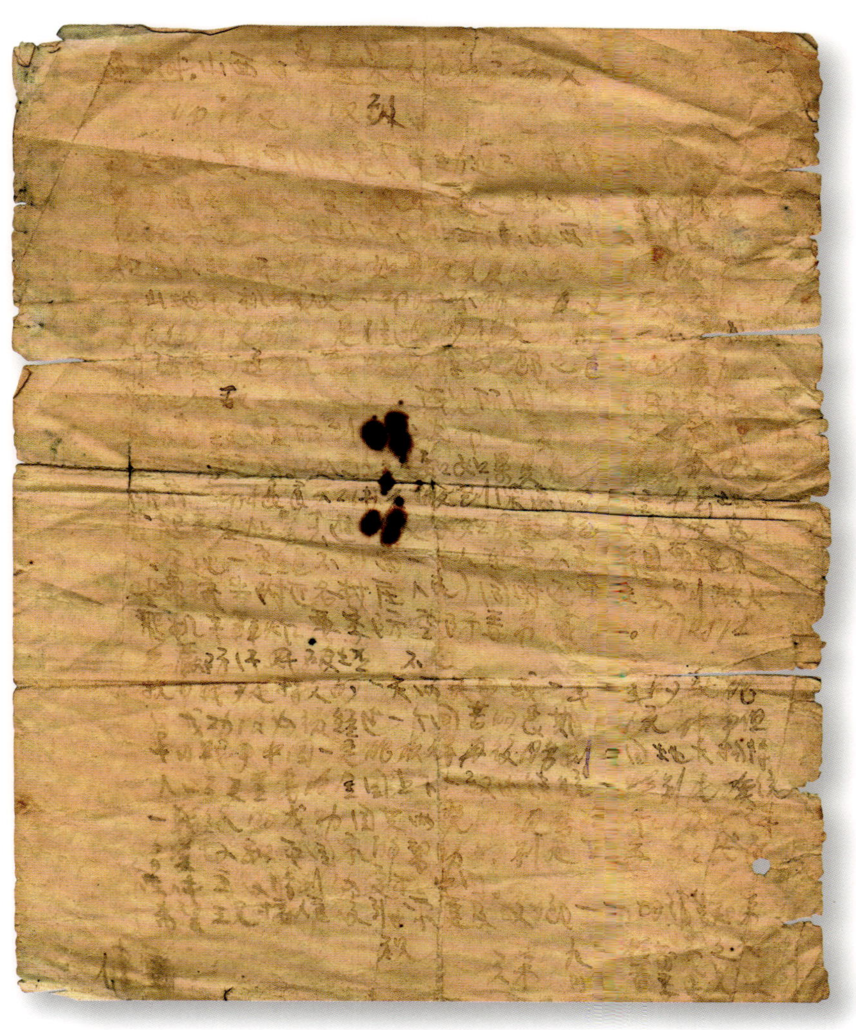

王麓水在信中介绍了华北的抗战形势，特别介绍了八路军、游击队在抗击日军中发挥的重要作用。他将日军想经道进占南昌，沿浙赣路西犯，再由袁州、萍乡占领长沙断绝粤汉路的图谋告诉了三哥，并希望他转告家人和乡亲们，在敌人到来时做好应对。他还提醒三哥要有思想准备：“抗日战争是持久的，不是一天两天或一年两年就能够成功的，必须经过一个艰苦的长期的流血战争。但是中日战争，中国一定能取得最后胜利。”从信中不难看出，王麓水对抗战的艰巨性、长期性，有充分的认识和思想准备，更有抗战必胜的信念。

黄敬

1912—1958

原籍浙江绍兴，生于北京。本名俞启威，曾就读于天津南开中学、汇文中学。1930年在上海参加中国左翼作家联盟（简称左联）文艺团体——南国社，从事进步文化活动。1942年秋调任冀鲁豫区党委书记，后任中共中央平原分局书记、平原军区政委。中华人民共和国成立后，曾任天津市委书记、国家技术委员会主任兼第一机械工业部部长。

冀鲁豫区党委书记黄敬使用过的扁担

1943年
冀鲁豫边区革命纪念馆藏

竹质扁担。抗战时期冀鲁豫边区军民广泛开展生产自救运动，这是时任冀鲁豫区党委书记黄敬用过的扁担。

王东年

1915—1971

又名王镢，字润清，山东诸城枳沟镇大北杏村人。自幼天资聪颖，考入诸城省立第十三中学。1934 年，考入济南杆石桥高级中学，积极参加学生爱国运动。1937 年回乡养病，全面抗战爆发后，宣传抗日爱国思想，组织读书会，阅读进步书刊，研讨国家大事。同年 10 月，加入中国共产党。不久，北杏村党支部成立，王东年任组织委员。1940 年 3 月任莒南抗日民主政府秘书，同年底任莒南县县长。1943 年 7 月调任莒北县县长。在艰苦的年代，领导全县人民开辟新区，建立诸莒边支队，同敌人开展顽强的斗争。中华人民共和国成立后，他先后任国家统计局办公室主任、处长。1955 年任外贸部技术合作局副局长、局长。1958 年任国家科委国际技术合作局局长。1964 年 4 月任全国科技协会书记处书记。1971 年在北京病故。

王东年用过的望远镜

1941年
山东省政府和八路军115师司令部旧址藏

1941年，王东年时任莒南县抗日民主政府县长。此时正值皖南事变发生，国民党掀起第二次反共高潮，莒南抗战进入最艰难的时期，加之粮食歉收，全县民不聊生。在此情况下王东年写信给家人，卖掉自家老林几十棵上百年的大柏树，补助县政府机关食堂，救济莒北县逃到莒南县的灾民。群众感动地说："古往今来，有谁会砍掉祖坟的树木为穷人呢？只有共产党做到了！"2021年，王东年之女王滨生将王东年用过的望远镜捐献给山东省政府和八路军115师司令部旧址收藏。

王进的战地日记

抗日战争时期
日照市抗日战争纪念馆藏

日记本封面封底为红色，内页纸张白色，蓝色钢笔或蘸水笔书写，少量书写为红色墨水，偶尔用圆珠笔，约7万字。日记是抗战时期八路军一一五师某团干部王进所写。日记的写作时间基本在全面抗战时期，记录了1943年他赴山东抗战的全年历程。

王进，字桂棠，江苏涟水人。1940年10月在江苏涟水加入中国共产党，先后在淮海和滨海地区从事抗战工作。原在新四军二师五旅《前锋报》做通讯报道员，后1943年初随部队到山东，在八路军一一五师某团《战士报》做通讯员，滨海分区政治部民兵报社记者。1943年初作为一名工作队成员被派往滨海军区甲子山区，3月在夏庄合编入八路军一一五师教导五旅四团（应为滨海军区四团）。中华人民共和国成立后调往北京工作，先后在中国人民解放军总政、总参军训部、防化兵部等部门履职。

该日记从1943年1月1日记至12月15日记录了共350篇。除有个别两日一记、一日两记或当日无记外，基本上每日一记。日记记录形式大多数为记叙，另还有诗歌、家信、民谣、名人故事、体会、谚语、新闻稿等文体。日记内容涉及战斗、演练、党支部会议、群众工作、感言、人物故事、个人家庭、日常生活等各个方面，形式多样、内容丰富，是军队基层一线干部最直接、真实的记录，以书写日常、对照自我的笔记，反映了整个全面抗战时期根据地的历史风貌。

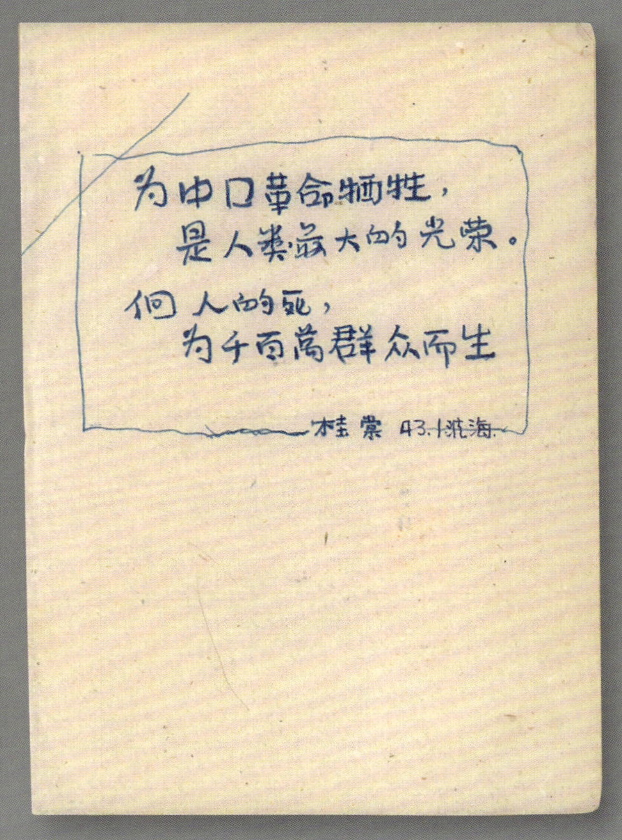
为中国革命牺牲，
是人类最大的光荣。
个人的死，
为千百万群众而生
桂棠 43.1滨海

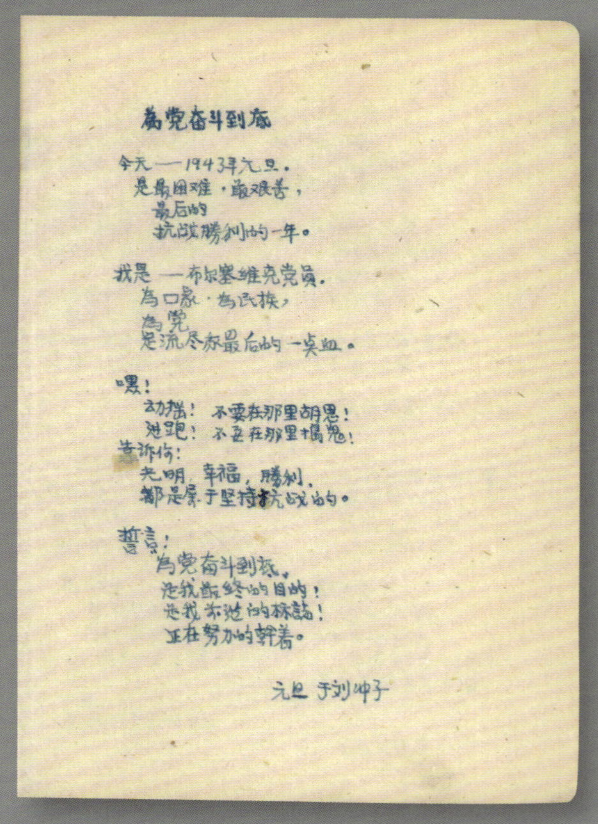
为党奋斗到底

今天——1943年元旦，
是最困难、最艰苦，
最后的
抗战胜利的一年。

我是——布尔塞维克党员，
为国家、为民族，
为党
是流尽我最后的一滴血。

喂！
动摇！不要在那里胡思！
逃跑！不要在那里捣鬼！
告诉你：
光明，幸福，胜利，
都是属于坚持抗战的。

誓言：
为党奋斗到底，
是我最终的目的！
是我不变的标志！
正在努力的干着。

元旦 于刘冲子

符竹庭

1912—1943

原名符宗仔，江西广昌人。1927 年秋参加游击队，并加入共产主义青年团。1928 年参加了中国工农红军，曾任红一军团第二师政治部主任、八路军一一五师教导二旅政委、滨海区政委，1943 年 11 月 26 日，在滨海军区机关驻地——赣榆县西北的黑林镇富林村（具体为马旦头村）遭遇日军，不幸身负重伤，经抢救无效牺牲，年仅 31 岁，牺牲时任八路军滨海军区政治委员，安葬于今江苏省赣榆区抗日山烈士陵园。

符竹庭使用过的公文包

抗日战争时期
沂蒙革命纪念馆藏

曹聚魁

1917—1939

字日明，山东栖霞人。少时读书时值军阀混战时期，社会动荡，国民党县党部马良斋、曹丕滋与教育局局长李义民等相互勾结，打击进步师生，激起师生抗议。霞山小学（俗称南高等）、县立中学等先后发生了5起学潮，曹聚魁积极投入到与邪恶搏斗的学潮。1934年入栖霞县立中学读书，曾写文章抨击国民党当局的不抵抗政策。1938年春，根据中共党组织的指示，他开始筹备党领导的群众性抗日组织“栖霞县青年抗日救国团”。为大力宣传抗日，曹聚魁亲自创办了《号角》周刊报，撰稿、排版、印刷都亲自动手，以几个笔名撰写不同体裁的文章，宣传中国共产党的抗日主张，起到了教育动员群众、打击敌人的作用。其间，他创作了长篇小说《滨江横流》，在社会上引起了强烈的反响。他和救国团的活动遭到国民党山东省十三区专员蔡晋康的镇压，被通缉。他把团部迁往山区坚持斗争。1939年秋外出巡视工作时被蔡部逮捕。反动派威逼利诱无果。同年底，他和7名革命青年被活埋。1945年1月，栖霞县政府将南坊村命名为“聚魁村”。

曹聚魁使用的石印章

1939年

栖霞市牟氏庄园管理服务中心藏

1939年曹聚魁石印章，雕刻于1939年3月17日。印章通体为黄色，有褐色、黑色杂质，为长方体，上方面略有弧度。

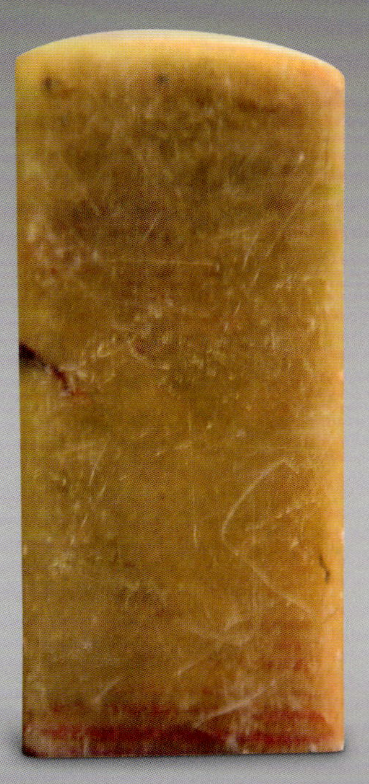

马保三

1888—1964

原名马鉴堂，山东寿光人。1924 年 8 月加入中国共产党。1926 年任中共寿光县委委员及农协主席。他四处奔走，积极发动群众，开展反军阀、反苛捐杂税的斗争。1928 年在中国东北、朝鲜仁川一带组织中华劳动组合会，领导开展抗日斗争。1932 年任东北抗日联军汤原山林游击队队长。1933 年 8 月返乡后被捕，经营救出狱。1937 年 7 月全面抗战爆发后，中共寿光县委根据上级指示，组建人民抗日武装。

马保三领导发动了声震渤海平原的牛头镇起义，树起了“国民革命军第八路军鲁东游击队第八支队”的大旗，马保三被推选为司令员。此后，历任国民革命军第八路军鲁东抗日游击队第八支队指挥、鲁东抗日游击队总指挥。1940 年 7 月当选山东省临时参议会副参议长。1945 年任山东解放区救济分会主任。1949 年 6 月任青岛市市长。1950 年当选为山东省各界人民代表会议副主席，1955 年当选为山东省政协副主席、省人民委员会委员。1956 年后任中共山东省委统战部部长、全国政协委员等职。1964 年 2 月 15 日逝世于济南。

马保三使用过的马褡

20世纪30年代

济南革命烈士陵园（济南战役纪念馆）藏

粗纹帆布制作而成，是马保三在革命战争年代使用过的随身物品。

谢觉哉给马保三的送别信

抗日战争时期
青岛市革命烈士纪念馆藏

马保三曾任山东省临时参议会副议长，谢觉哉曾任陕甘宁边区参议会副议长。该信件为谢觉哉给马保三的送别信。这封书信，字里行间无不体现谢觉哉对马保三的关怀之情，而这深厚的情谊源于他们对理想的追寻、对初心的坚守。书信入馆日期为1981年5月，系马保三之子捐赠。

信中内容如下。

保三、吴缣同志：

今晨你俩走了，不及送行，赠诗：
惜别之诗赶上难，火车已度几重山。
鬓毛添雪神添爽，闻已华龄五十三。
儿如灰鹤父如楷，孔子林中景物佳。
试采太（泰）山松下叶，笑看双剑舞娇娃。

觉哉、定国
二十日晨 致意

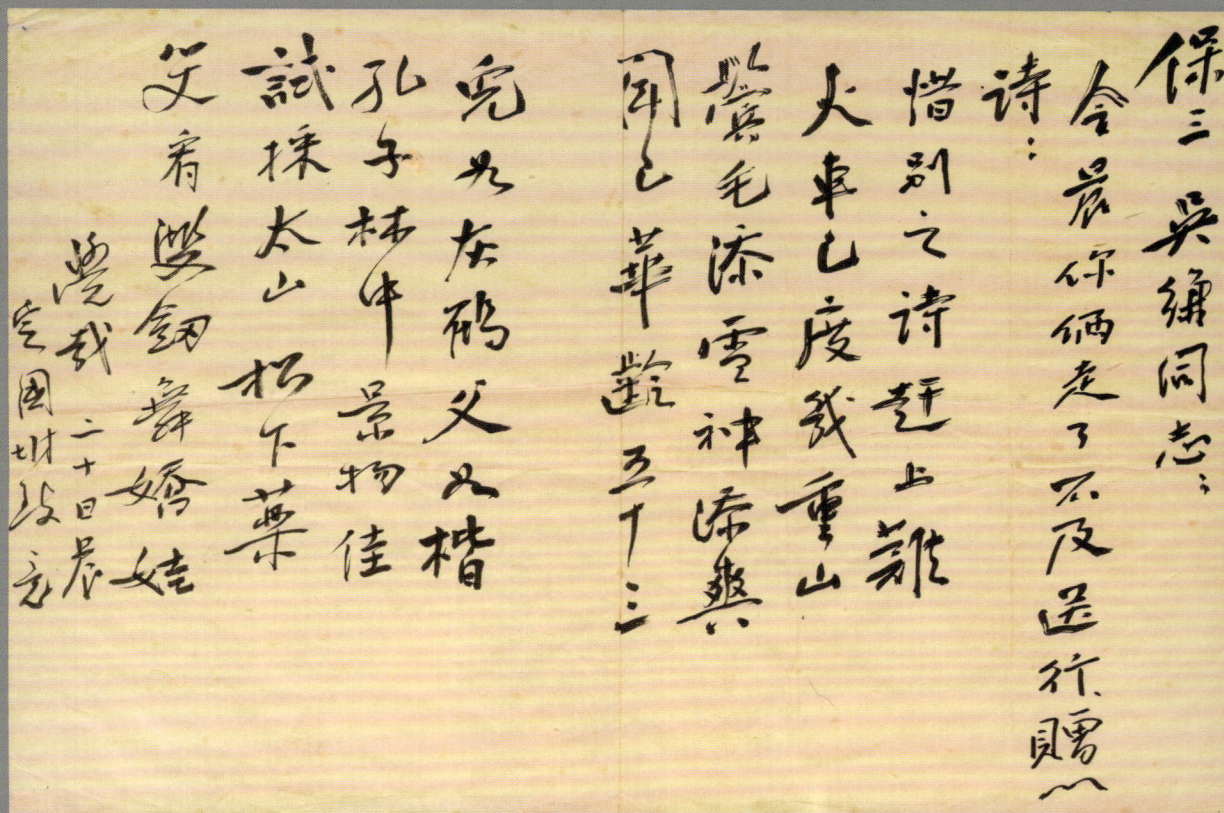

李植庭

1871—1964

原名李三槐，山东寿光人。早年从事教育事业，主张“教育救国”。1915 年带头集资在村东娘娘庄创双凤小学。1925 年开始接受马列主义，并邀请寿光早期共产党人、山东省最早的农村党支部建立者张玉山来校任教。1926 年中共寿光县委成立后，该校成为党的活动场所。1929 年拆除旧舍，迁至村内新建校舍，改名寿光县立第八小学。1937 年全面抗战爆发后，李植庭积极参加抗日救亡运动。1944 年被选为渤海区参议长。1946 年，因该校为革命培养人才，贡献很大，经中共渤海区党委批准，命名为植庭学校。县长张竹天为学校题写了校匾。同年 11 月，李植庭在 75 岁高龄申请加入了中国共产党。1949 年当选为山东省各界人民代表大会委员、山东省政协委员。1964 年逝世。

李植庭使用过的皮包

抗日战争时期
寿光市博物馆藏

皮革制作，棕黑色。此皮包为教育家李植庭生前使用，后传至其孙手里并捐献给寿光市博物馆。

杨国夫

1905—1982

安徽霍邱人。1928 年参加革命，1930 年加入中国共产党。土地革命战争时期，任红军游击队分队长，特务队队长，红四军第十二师连长、第十师营长，红三十军第九十师副团长、二七〇团团长，红一军团第四师十二团团长。参加了长征。1938 年 6 月，他奉命到达山东清河区组织发展地方武装，开展敌后抗日游击战争，在抗日战争期间，杨国夫历任八路军山东纵队第三支队副支队长、支队长，山东纵队第三旅副旅长，清河地委军事部长，清河军区、渤海军区司令员兼第七师师长等职，是清河区、渤海区抗日根据地和垦区抗日根据地主要创建者之一。解放战争时期，任东北民主联军第七师师长、第六纵队副司令员、第四野战军四十三军副军长、江西军区副司令员。中华人民共和国成立后，任济南军区副司令员、顾问。1955 年被授予中将军衔。第五届全国委员会常务委员，山东省政协第四届委员会副主席。

杨国夫在渤海垦区工作时使用过的瓷碗

抗日战争时期

东营市垦利区博物馆（含渤海垦区革命纪念馆）藏

杨国夫在渤海垦区工作时借住十四村徐代元家时使用的瓷碗。1941年许世友、杨国夫等率三旅部队进军垦区，打败了盘踞垦区的国民党顽固派，收编、歼灭了土匪，解放了垦区全境，开辟了小清河以北以垦区为中心的抗日根据地。自此，部队回旋地区扩大了，与冀鲁边地区的交通联系也进一步打通。这个战略转变，对坚持清河平原游击战争的最后胜利起了决定作用。

杨国夫在渤海垦区工作时使用的小炕桌桌面

抗日战争时期
东营市垦利区博物馆（含渤海垦区革命纪念馆）藏

原为炕桌，现桌腿已损坏，只剩桌面，是杨国夫当年用过的办公桌。

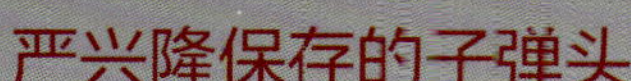

严兴隆保存的子弹头

抗日战争时期
泰安徂徕山抗日武装起义博物馆藏

这是从严兴隆身上取出来的子弹头。严兴隆，又名严文源，1918年12月生，山东泰安人。1938年徂徕山抗日武装起义后参加泰安独立营。1941年除夕，泰安独立营和日、伪军在茅茨村发生战斗，严兴隆身受重伤，子弹从耳后穿入体内。抗战胜利后严兴隆随队进军东北，参加辽沈、平津等战役，荣获二级独立自由勋章、三级解放勋章。

赵镈

1906—1941

陕西府谷人，1926 年加入中国共产党，4 月被派到黄埔军校学习，担任黄埔六期二团一营一连中共党支部书记。1927 年 4 月，从广州来到武汉，不久被派遣到平津一带做地下工作，至 1936 年，曾两次被捕，坐牢 7 年。西安事变后，赵镈被党组织营救出狱，之后被派遣到河北省交河县洪家码头小学，以小学教员身份作掩护，开展抗日民族统一战线工作。此后，相继任津南特委书记、冀鲁豫省委党校校长、中共鲁西区党委组织部部长兼党校校长。1940 年，调任鲁南区党委书记，后任鲁南区党校校长、鲁南军区政委。他与八路军一一五师密切配合，整顿和发展党的组织，成立了鲁南各界人民抗日救国联合会，发展壮大抗日武装，并按照“三三制”原则建立了专区、县等各级抗日民主政权，为建立鲁南抗日根据地作出了重要贡献。1941 年 10 月 27 日，国民党顽军张本枝部袭击中共鲁南区党委驻地银厂村，赵镈为保护机密文件被俘。赵镈被押 20 多天，遭刑讯 10 多次，但始终未吐露党的机密。11 月 13 日被活埋，壮烈牺牲。12 月 30 日，中共鲁南区党委致信赵镈的妻子李岩，高度评价了赵镈在生死关头所表现出的一个共产党人“宁为玉碎，不为瓦全”的浩然正气和视死如归为党工作到最后一息的崇高风范。为纪念赵镈烈士，1942 年 10 月，中共鲁南区党委决定将临郯费峄四县边联县改名为赵镈县。

赵镈使用过的公文包

抗日战争时期
沂蒙革命纪念馆藏

牛皮制成。1941年10月27日，国民党顽固派张本枝团对驻在银厂村的中共鲁南区党委进行突然袭击，赵镈本已冲出包围，但他发现装有党的机密文件的公文包没有带出，便让其他同志继续撤走，自己冒着危险只身返回原地，把机密文件烧毁，就在这时，敌人冲进屋内，党的机密保住了，赵镈同志却不幸被捕，后被敌人押至九女山下活埋，时年35岁。

刘步云使用过的书箱

抗日战争时期
青岛市黄岛区博物馆藏

刘步云在革命年代使用过的书箱。

1938年，刘步云在中共诸城五区（今青岛市黄岛区南部乡镇一带）任区委组织委员。1939年春，五区委派他去岸堤八路军山东抗日军政干校学习。6月，任中共诸城第五区区委书记。同年秋，刘步云遵照上级党组织指示，竞选当上了国民党山阳乡乡长，使山阳乡各级政权和常备队、自卫大队大部被中共党员所控制。自此，他以“抗日动员委员会”的名义，积极进行抗日宣传，建立了中华民族解放先锋队、青年抗日救国会、妇女抗日救国会、儿童团等群众组织。1940年春，敌人内部相互倾轧，彼此吞并，矛盾日益公开化。刘步云便以山阳乡乡长的合法身份与国民党鲁苏战击队十四团取得联系，以该团的名义，在原乡常备队的基础上建立了独立连，开展武装斗争。刘步云的革命活动引起了敌人的怀疑，六支队队长李永平于1941年8月19日，以开会为名将刘步云诱捕，酷刑审问，刘步云坚贞不屈，当夜被敌人在于家官庄祠堂前活埋。

高子亭在平度战役牺牲前的指挥信

1945年
山东博物馆藏

此件文物是1945年在平度战役牺牲的胶东军区十四团二营营长高子亭生前写的作战指挥信。

1945年9月9日，八路军解放平度战役前，山东军区六师十四团三营营长高子亭写给教导员柳青的作战计划和部署。信笺左右两边被收信人也是书信保存者柳青的鲜血染红。高子亭，山东招远人，1938年参加八路军。1945年9月9日，在平度战役总攻前9小时，高子亭去团部参加紧急会议，领受作战命令。在会议上奋笔疾书，写下了这份作战计划和部署送给教导员柳青。这份作战计划和部署里面谈到了侦察地形、总攻时间、兵力配置、炸药包和担架的处理，打通边路以及选择机枪阵地等重大而紧迫的军事问题。在信的最后，他坚定地表示："今晚要坚决地打，一定要打下，打到最后一个人还要打。"战斗当晚打响，次日凌晨结束，共生俘伪军司令、师长、旅长以下官兵5000余人，创造了胶东大反攻以来歼灭战的模范战例。高子亭在指挥战斗时，不幸身中数弹，英勇牺牲，用生命实践了自己的战斗誓言。教导员柳青也身负重伤，当他苏醒后，发现在贴胸伤口旁的衣袋里还保存着这封血染的战友遗书。柳青一直珍藏着这封信，直到1951年捐献。

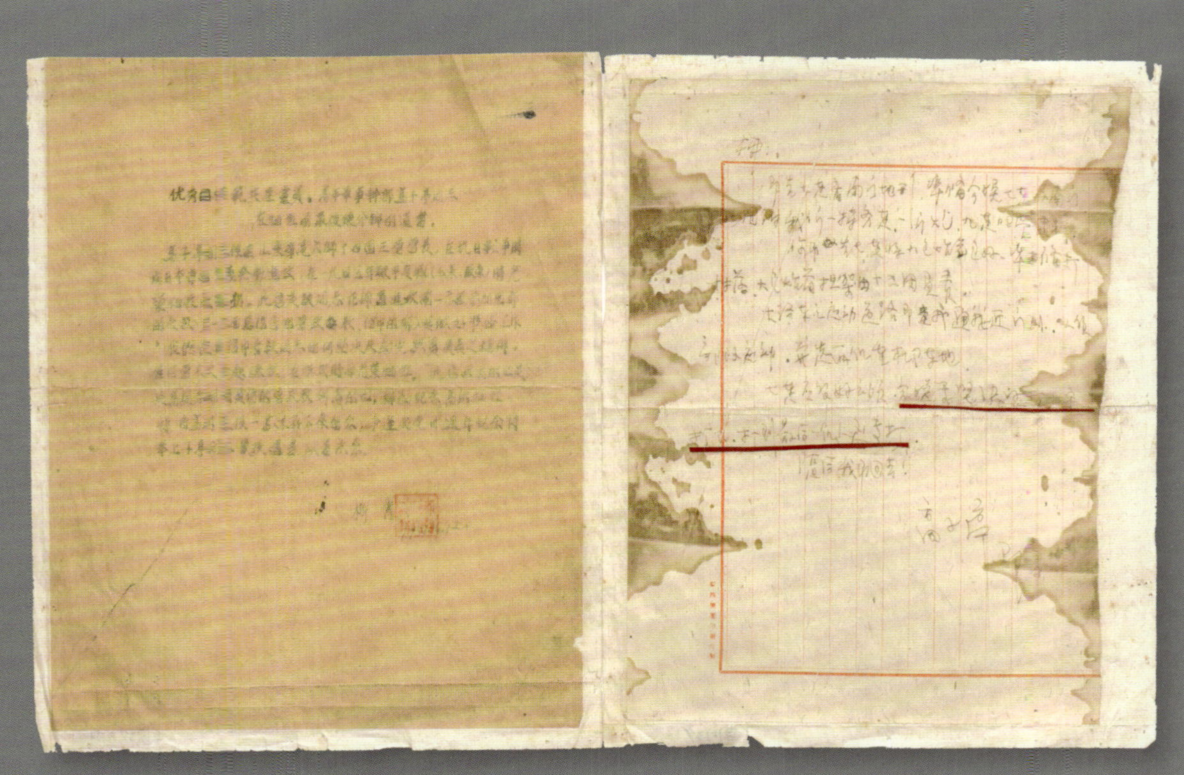

马本斋

1902—1944

经名尤素夫·马本斋，原名马守清，回族，河北献县人，中共党员。冀鲁豫军区第三军分区司令员兼回民支队司令员。抗日战争时期，马本斋领导的以回汉青年为主力的回民支队，共进行大小战斗870余次，被八路军冀中军区誉为“无攻不克，无坚不摧，打不垮、拖不烂的铁军”。1944年，马本斋病逝于山东莘县。2009年9月，马本斋被中央宣传部、中央组织部等11个部门评选为“100位为新中国成立作出突出贡献的英雄模范人物”。

马本斋领导的回民支队

马本斋使用过的木桌

1942年
菏泽市烈士陵园（菏泽市抗日纪念馆）藏

抗日战争时期马本斋带领部队在菏泽鄄城军屯村进行休整时所使用。2015年菏泽市抗日纪念馆接受捐赠。1942年马本斋转战鄄城，两次来到军屯村进行休整，当时正值大灾荒，军屯人在极度困难中千方百计想办法让回民支队战士吃饱饭，正所谓党群同心、军民情深。

叶尚志使用过的放大镜

抗日战争时期
冀鲁边区革命纪念馆藏

抗日战争时期，叶尚志随中国人民抗日军政大学第一分校（简称抗大一分校）东渡黄河，先后两次挺进山西、山东敌后方根据地，在军旅战斗环境中参与培养干部的工作。1940年初夏，参加山东纵队初建党代表大会，是抗大四代表之一；夏季，代表抗大一分校参加山东各界联合大会（战时首届人民代表大会），选举产生山东省临时参议会和山东省战时工作推行委员会。1942年调中共中央山东分局组织部工作，任巡视员，到冀鲁边区巡视工作，留任新海（现黄骅市，曾包括新海、无棣、青县）县委书记兼一一五师教导六旅系列县部队政委。解放战争期间任商惠（曾包括商河、惠民、济阳三县）联合剿匪指挥部副总指挥兼政委；坚持冀鲁平原游击战争，经历过当地最艰苦、复杂、牺牲最惨烈的七年。1948年调回中共渤海区党委组织部，分管、参与配备、派遣南下干部工作，并任区党委党校党委副书记。中华人民共和国成立后由中央组织部选调北京，先后在中共中央统战部、中央民委、上海市委统战部等重要岗位担任职务。2014年逝世。

孙轶青

1922—2009

山东乐陵人。1938 年 12 月参加革命并加入中国共产党，历任冀鲁边区沧县、东光县县委书记，冀鲁边区地委秘书长兼宣传部副部长（《烽火报》编辑），共青团清河地委书记。1950 年起历任共青团上海市委常委兼宣传部副部长、部长，共青团中央宣传部副部长，中国青年报社副总编辑、总编辑等职。1962 年 4 月任共青团中央常委兼中国青年报社社长、总编辑。1964 年任全国青联副主席。1972 年任北京日报社党委书记、总编辑兼中共北京市委宣传部负责人。1976 年 10 月任人民日报社副总编辑。1980 年 1 月起，历任国家文物局副局长、常务副局长、文化部党组成员兼文物局局长。1983 年 6 月任全国政协副秘书长，1984 年 4 月任全国政协机关党组成员。2009 年 3 月 17 日，孙轶青同志因病医治无效在北京逝世，享年 87 岁。

孙轶青使用过的绑腿卷

抗日战争时期

冀鲁边区革命纪念馆藏

绑腿是一种腿部防护措施，可使军人在行军过程中减少腿部受伤的可能性，也可减少疲劳及防止血脉淤积。此为孙轶青使用过的绑腿卷。

孙轶青使用过的公文包

抗日战争时期
冀鲁边区革命纪念馆藏

刘炎

1904—1946

湖南桃源人。1925 年加入中国共产党。曾任红一军团后方工作部政委、新四军一师政委等职。在长期的战争中，由于战斗频繁，环境险恶，生活艰苦，他的身体每况愈下，染上重病。1946 年 6 月，蒋介石发动全面内战，新四军按照党中央的部署进行战略转移，刘炎随部队从苏北撤到山东。他的病情开始恶化，但为了节省战斗力量，一路上忍住剧痛伏在马背上随部队一起前进，坚持不坐担架。秋末，他的病情更趋严重，医生要给用药都坚决拒绝，要求把贵重稀少的药品留给重伤员用。生命垂危时仍惦念前方，向来看望的同志询问前线的消息。1946 年 11 月 20 日病逝，时年 42 岁。中共中央华东局给予高度评价："他一生为中国人民的解放事业而奋斗，厥功甚伟；他毕生为中国人民的解放事业而奋斗的精神，永垂不朽！"

刘炎用过的绑腿带

抗日战争时期
沂蒙革命纪念馆藏

绑腿是用于绑在小腿上的布条，材质多是帆布或者是结实的普通布条，起到保护小腿的作用。绑腿是革命战争时期我军的鲜明特征。绑腿带因频繁使用已出现多处磨损。

刘炎用过的毛毯

抗日战争时期
沂蒙革命纪念馆藏

毛毯整体米黄色，饰有黄色和褐色菱形图案，边缘有褐色及黄色包边。刘炎烈士辗转多地行军使用。

索进云

1913—1996

山东滨县人。1943 年 7 月 21 日于利津县一区四张庄入伍，先后任蒲台县大队副班长、班长，渤海四分区警卫营二连副班长、班长，七师三团八连副排长，二九〇团三营八连排长、副指导员、指导员，上海公安学校政治军事处指导员，安徽新兵团三十团三营八连指导员，上海市公安局劳改处四队指导员等职务。1979 年 5 月在上海市公安局劳改七支队离职休养。

索进云自 1943 年 7 月入伍至 1951 年 11 月先后参加过济南战役、淮海战役、渡江战役等 17 次战役，负伤 8 次，其间荣立三等功 8 次、四等功 2 次。索进云同志是渤海区南下干部的典型代表之一，为祖国的解放事业作出了卓越贡献。

索进云缴获使用的日军军用毛毯

抗日战争时期
滨州市博物馆藏

纯毛质地。索进云的儿女索敬国、索敬芬委托李希双先生捐赠。

王竹川

1919—1945

原名王渭源，山东淄博人。14 岁入临淄县立西关小学，担任学生自治会负责人。1938 年加入中国共产党，7 月任八路军山东人民抗日游击三支队十团三营八连副连长。1939 年 2 月任一连政治指导员和二连指导员，6 月 6 日率队参加邹平县刘家井子战斗。1940 年 2 月跟随清河军区后防司令部司令员马千里率部队挺进小清河北，开辟博兴抗日根据地。1942 年任博兴县大队政治协理员。1944 年 1 月，任博兴县独立营协理员，出色完成了保卫根据地的任务，受到中共渤海区党委和军区的表彰和奖励。1945 年 3 月，王竹川率部拔掉伪军周胜芳部吴家据点，指挥另一部攻入城外王及城外李据点，强攻王集据点，三战三捷，受到渤海军区通令嘉奖。1945 年 5 月 21 日，在陈户战斗中为掩护战友突围壮烈牺牲。

王竹川使用过的皮钱夹

抗日战争时期
博兴县博物馆藏

皮质，棕色。1945年5月21日，博兴县地方抗日武装在博兴陈户店集结，突遭5000余名日、伪军合围袭击。博兴县委书记兼独立营政委王效禹命令王竹川指挥二连、三连迅速阻击敌人，掩护群众突围。在突围中王竹川负伤，他命令战士们突围，自己留下作掩护，并把自己的钱包交给战友王英才，让王英才替他交上党费。在这次突围中，王竹川壮烈牺牲。

曹吉亭

1912—1945

山东莒县人。1938 年 3 月加入中国共产党。珍珠山起义后，先后任莒县抗敌自卫团班长、排长、指导员、县大队副政委、滨海军区独立三团政治处主任。1941 年 12 月 2 日，日军在强大炮火掩护下，向八路军阵地发起猛攻，他在岞山指挥战斗中左腿负伤，仍坚持指挥战斗。1942 年 12 月，在第三次甲子山反顽战役中，曹吉亭所在的山纵二旅五团与教导二旅六团担任攻击任务，为甲子山战役的胜利创造了条件。1943 年 2 月，曹吉亭任莒中独立营副政治委员，他率莒中独立营配合八路军老六团发起了围歼日照县伪保安副大队长朱信斋部的石沟崖战斗，出色地完成了设防打援任务。此后，他指挥部队相继攻克夏庄、赵家岭、张家围子、借庄等日、伪重要据点，参加了莒城解放战役，取得了辉煌的战果。1945 年 7 月，滨海军区独立第三团决定趁新旺之敌立足未稳之机，发起新旺战斗。此时，曹吉亭已接到上级命令，调他到山东军区政治部工作。他主动请求上级领导，自己熟悉部队，熟悉地形，打完这一仗后去报到。7 月 23 日晚，战斗打响，担任主攻的四连，借黑夜作掩护，首先突进新旺村内，用枪刺、手榴弹与敌人展开了巷战，达到“白热化”程度。他率二连一个排及通讯班插进村子，与敌往复冲杀。曹吉亭身先士卒，冲锋在前，不幸中弹，壮烈殉国，年仅 33 岁。

曹吉亭使用过的铁刀

抗日战争时期
莒州博物馆藏

刀身、刀柄为铁质，环首。刀柄为半圆形木块镶嵌。

姚杰的日记本

抗日战争时期
淄博市博物馆藏

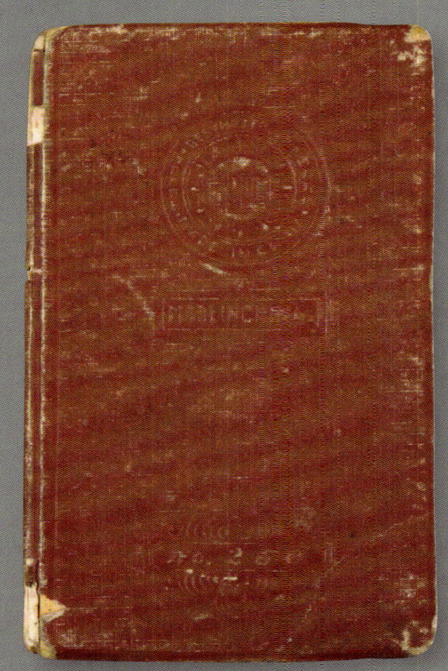

硬封纸质。1984年8月姚杰捐献给淄博市博物馆收藏。

姚杰，山东临淄人。1937年参加革命。1943年5月负伤双目失明，这是他失明前留下的日记本。扉页写“自己在不断地检讨当中去发现工作中的缺点，决心克服自己缺点”，印有姚杰私章。记录内容主要是工作学习笔记，如会议总结、曙光报社论加强干部的教育、认真建立干部文化教育制度、怎样锻炼党性与加强布尔什维克化等。

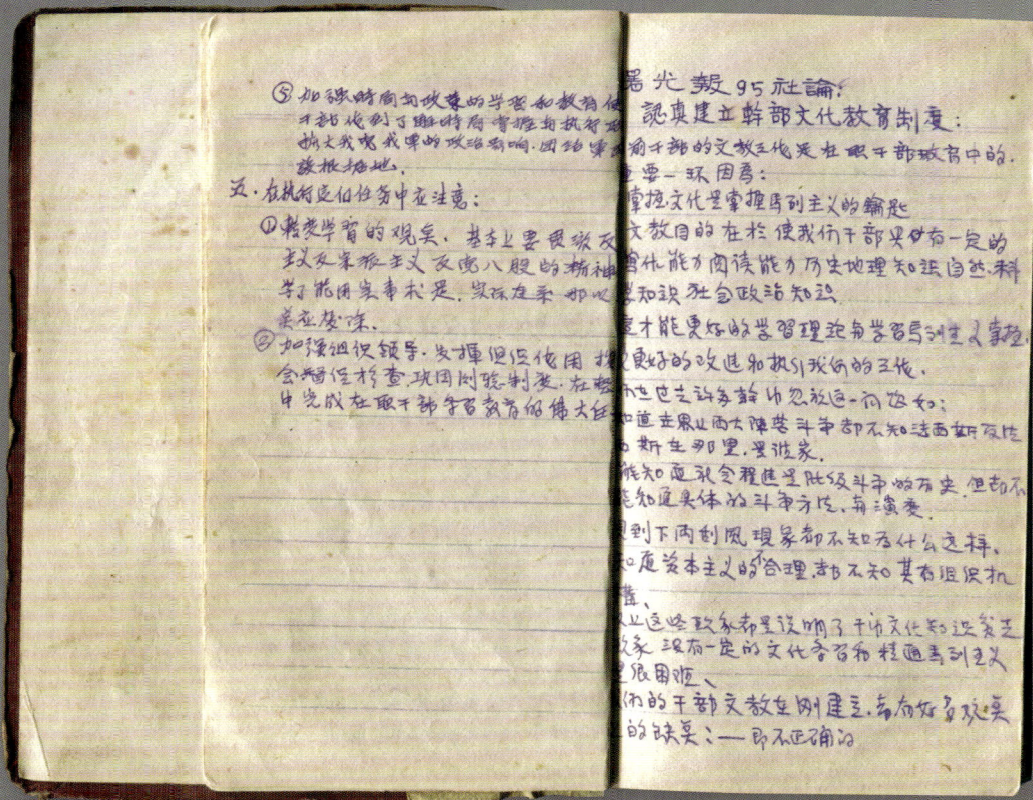

于明的革命烈士证

抗日战争时期
冀鲁边区革命纪念馆藏

于明，1937年入伍，曾任靖远县大队副队长，1943年在乐陵大桑树村牺牲。烈士证于1950年10月1日颁发，证上印有：兹有于明同志在伟大的革命战争中，为完成中国人民给予的光荣任务壮烈殉国，其家属应享受烈属待遇，除依法给予抚恤外，特发给此证以资纪念。

家屬姓名	于[illegible]源	性别	男	年齡	27
籍貫	山东省乐陵市縣十一區[illegible]街村				
出身		成份		職業	
家庭人口與烈士之關係	男一女二				
烈士姓名	于明	性别	男	年齡	23
何時何地入伍	1937				
犧牲時間地址	1943在大桑[illegible]牺牲				
曾在何部任何職責	靖远县大队付队长				
填表機關與填發人	乐陵[illegible]政府 于[illegible]源				
備考	[illegible]				

张其义

1910—1963

巨野县革命干部。张其义参加过抗日战争，组建了巨北地下党组织，参与了巨野县城解放，历任巨野县委统战部部长、巨野县人民政府副县长和文化馆馆长等职。

张其义掩护身份用的“良民证”

抗日战争时期
冀鲁豫边区革命纪念馆藏

张其义掩护身份用的锡壶工具挑子

抗日战争时期
巨野县博物馆藏

木质，由风箱和工具箱组成。原巨野县人民政府副县长张其义当年进行地下工作时，掩护真实身份的工具。中华人民共和国成立后，张其义的儿子将其捐给了巨野县文化馆。现收藏于巨野县博物馆。

张其义祖辈靠打锡壶为生，自幼跟随父亲走街串巷，十几岁起跟从本村私塾教师读书识字。抗日战争时期毅然放弃家传的生存技艺，投身抗日浪潮。1938年，张其义参加青年抗日救国会，进行抗日宣传工作；1940年，加入中国共产党，并以打锡壶的身份作掩护，组建了巨北地下党组织。1942年12月，敌后武装处于抗日战争的艰难时期，张其义受上级党组织的指派，甘冒随时牺牲的危险，挑着锡壶挑深入敌人阵地，绘制了敌人布防图，并及时送到冀鲁豫军分区，为解放巨野提供了重要的情报。

景晓村

1917—1994

山东历城人。清河、渤海抗日根据地和垦区抗日根据地主要创始人之一。带领垦区军民坚持抗日游击战争，打击了日、伪军的“扫荡”“蚕食”和国民党顽固派部队的进攻，巩固、扩大了垦区抗日根据地。

景晓村及夫人王梦林使用过的蚊帐

抗日战争时期
东营市垦利区博物馆（含渤海垦区革命纪念馆）藏

蚊帐是景晓村和王梦林夫妻二人在清河区工作时使用过的，由清河军区后勤部被服厂生产。清河军区后勤部被服厂驻垦区刘家屋子村，后迁至十四村，工人最多时达200多人，缝纫机几十台，分设有染布、缝纫、皮革三个分厂，主要是为部队生产军装、弹夹、枪套和鞍具等。

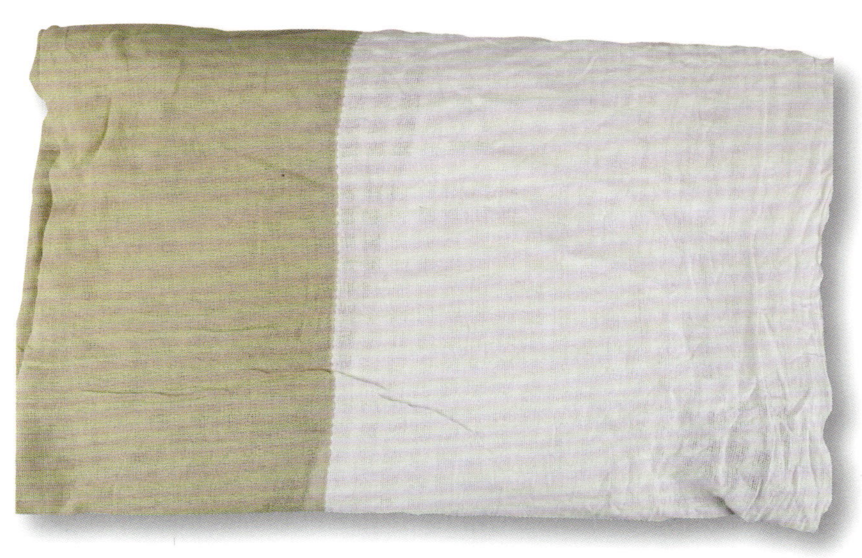

景晓村的日记

抗日战争时期
渤海革命老区纪念馆藏

中共渤海区党委书记、军区政委景晓村在1943年4月至1944年初写的日记。记录了山东渤海抗日根据地发生的重要事件，尤其是完整记录了1943年中共山东分局区党委书记联席会议的情况。

1939年3月，中共鲁东南特委书记景晓村调任中共清河特委书记，后来担任中共清河地委书记、清河区军政委员会书记、清河区党委书记兼清河军区政委，为创建和发展清河抗日根据地作出了重要贡献。1944年1月，清河区和冀鲁边区合并为渤海区，景晓村任中共渤海区党委书记兼渤海军区政委。景晓村是山东鲁东南（滨海）抗日根据地、清河抗日根据地、渤海抗日根据地和中国人民解放军陆军第二十八、三十三、四十三军（第一二八、一二九师）创始人之一。他为人和蔼，有原则，善团结，深受清河、渤海区干部的拥护和人民的爱戴。景晓村的日记中可以看到党性光辉、廉政事迹和担当作为，更有严谨认真、一丝不苟的工作作风。

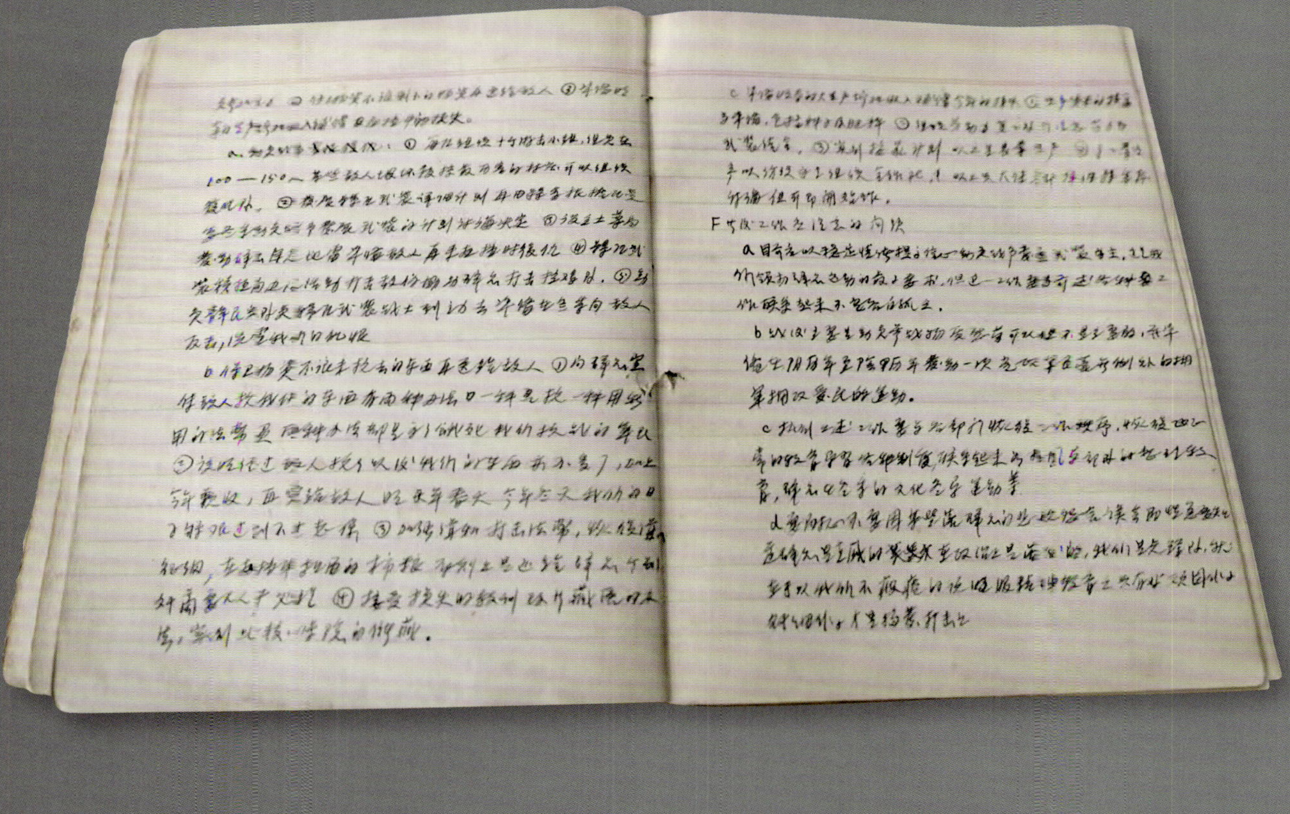

李子衡

1918—1976

山东沂水人。1941 年起从事教育工作。1944 年春，他到大崮村创办抗日小学，为说服群众办学，他怀抱鱼鼓，在村头巷口说唱抗日故事和《杨家将》，宣传抗战保国精神和坚贞不屈的民族气节，同时教育群众，组织儿童入学。为了解决办学经费，学校办了消费合作社，代卖文具和群众生活用品，使全村儿童普遍入学，还成立了青年夜校和识字班，进行扫盲。在抓好大崮村教育工作的同时，他带病（心脏病）到罗家场、大圈、会仙院等邻村进行教学辅导，使这一带的抗日小学都办得较好。李子衡忠诚党的教育事业，得到群众的拥护，受到抗日民主政府的表扬。1945 年春，出席了鲁中行署在博山召开的教育会议，荣获“鲁中区教育英雄”称号和银质奖章。

李子衡用过的柳条箱

抗日战争时期
济南市博物馆藏

1977年5月12日，李子衡家属将该柳条箱捐赠给济南市博物馆。

潘维周

1917—1942

河北赵县人。1935 年参加过一二·九爱国运动，同年加入中国共产党。1936 年，到陕北加入红军第十五军团，任连队文化教员，后到红军大学学习。1938 年 5 月，随郭洪涛到山东，与山东省委宣传部长孙陶林等一起创建山东抗日军政干部学校，任政治部主任并主持教务工作，兼授“抗日救国十大纲领”等课程。1938 年 5 月，学校跟随省委机关一起到鲁南，同年 7 月 7 日，山东抗日军政干部学校同鲁南抗日干部学校合并，潘维周与刘建中主持教学及行政工作。1938 年 12 月，中共苏鲁豫皖边区省委改为中共山东分局，潘维周任分局党校教务主任兼党总支书记，1939 年 5 月任副校长，协助陈明主持全校工作。同年，与校长陈明到沂水二区，帮助建起山东早期抗日民主政权之一——沂水县二区抗日民主政府。1940 年，主持山东分局党校工作。1941 年 5 月，任沂蒙地委（二地委）组织部部长，领导沂水县扈山区埠前庄减租减息的试点工作。1942 年 10—11 月，日军对沂蒙山区革命根据地进行“扫荡”，11 月 2 日，省委机关及鲁中军分区一团、抗大一分校一部、沂水县大队等被日本侵略军围困在对崮峪。在突围中潘维周牺牲于沂水县北诸葛村。

潘维周使用过的缴获自日军的手表

抗日战争时期
临沂市博物馆藏

此手表是潘维周烈士遗物。手表圆形，金属表壳，白色表盘，玻璃表盖，内有“SEIKO（日本精工）”字样，黑色皮质表带。

谢青

1920—2001

山东莒南人，黎玉的妻子。1938 年 7 月参加革命，1939 年 1 月参加中国共产党。抗日战争时期，担任过山东四支队二团宣传员、沂水县四区区委妇救会主任、莒北县委妇救会委员、沂中县委妇救会委员、莒南县委委员妇委书记。解放战争时期，担任山东分局秘书处秘书、中共山东建国学校总支委员、山东省妇联组织部干事。中华人民共和国成立后，历任华东财经学校副主任、上海财经学院教务科副科长和组织科科长、电力建设总局教育科科长、电力工业部干校教务科科长、水利电力部和电力工业部职教处副处长、处长等职务。

1943年9月，黎玉与谢青在日照结婚合影，自此谢青与黎玉相濡以沫，历经风雨，相伴终生。

谢青缝制的绒布包

抗日战争时期
临沂市博物馆藏

该包外为紫色绒布，内部为印蓝色花卉纹饰布，上端呈方形，外有一按扣，底部半圆状，形制美观大方，是谢青为保存潘维周烈士手表遗物而缝制的布包。

杨荆石

1902—1943

原名杨玉珍，字荆石，山东沂源人。1922 年考入上海新华美术专科学校。1927 参加北伐军。大革命失败后，杨荆石先后在青州第四师范任教、济南第一乡村师范任教。1937 年七七事变后，杨荆石回乡开展抗日活动。1938 年参加了徂徕山抗日武装起义。1938 年 4 月杨荆石加入中国共产党。1939 年 3 月 20 日，山东鲁迅艺术学校在沂水成立，杨荆石担任教务处主任。1940 年 7 月 11 日，蒙阴县抗日民主政权成立，杨荆石当选蒙阴县县长。1942 年 5 月，杨荆石调鲁中行政联合办事处文教处社会教育科任科长。1943 年调任鲁中行署社会教育处处长。1943 年 11 月 23 日，在沂南依汶修械所修枪，杨荆石不幸误受枪伤，经抢救无效殉职，享年 41 岁。

杨荆石烈士笔记本

抗日战争时期
临沂市博物馆藏

此笔记本为杨荆石烈士遗物。黑色封面，共46页，多为1938年至1940年间杨荆石的同事、战友为他题写的词句，主要内容为坚持抗战和宣传抗战。其中有时任中共山东分局书记郭洪涛、副书记黎玉，八路军山东纵队指挥张经武等人题词。

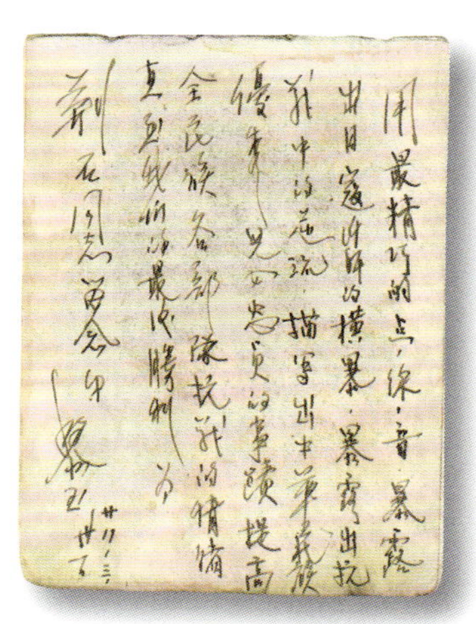

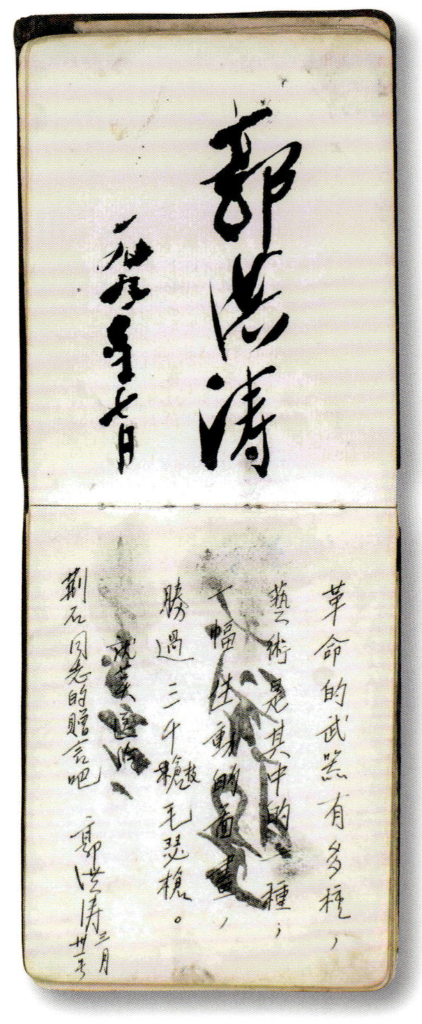